学び、人は、変えてゆく人だ。

目の前にある問題はもちろん、

人生の問いや、

社会の課題を自ら見つけ、

挑み続けるために、人は学ぶ。

「学び」で、

少しずつ世界は変えてゆける。

いつでも、どこでも、誰でも、

学ぶことができる世の中へ。

旺文社

もくじ

教科書対照表　下記専用サイトをご確認ください。

https://www.obunsha.co.jp/service/teikitest/

STAFF	編集協力	有限会社マイプラン（広川千春）／入江泉
	校正	石川道子／笠井喜生（e.editors）／敦賀亜希子／
		株式会社東京出版サービスセンター
	英文校閲	Jason Andrew Chau
	装丁デザイン	groovisions
	本文デザイン	大滝奈緒子（プラン・グラフ）
	本文イラスト	駿高泰子

本書の特長と使い方

本書の特長

1 STEP 1 **要点チェック**, STEP 2 **基本問題**, STEP 3 **得点アップ問題**の3ステップで, 段階的に定期テストの得点力が身につきます。

2 スケジュールの目安が示してあるので, 定期テストの範囲を1日30分×7日間で, 計画的にスピード完成できます。

3 コンパクトで持ち運びしやすい「+10点暗記ブック」&赤シートで, いつでもどこでも, テスト直前まで大切なポイントを確認できます。

STEP 1 要点チェック

テスト1週間前から確認!

単元の要点をまとめたページです。テスト範囲の大事なポイントを確認しましょう。

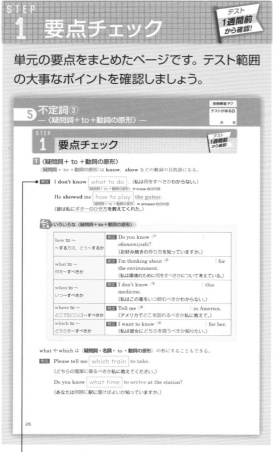

「要点チェック」の大事なポイントを, 一部なぞり書きをしたり, 書き込んだりして整理できます。

STEP 2 基本問題

テスト5日前から確認!

基本的な問題で単元の内容を確認しながら, 定期テストの問題形式に慣れるよう練習しましょう。

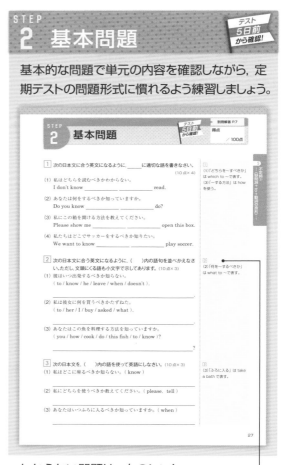

わからない問題は, 右のヒントを見ながら解くことで, 理解が深まります。

アイコンの説明

 これだけは覚えたほうがいい内容。

 テストによくでる内容。
時間がないときはここから始めよう。

 テストで間違えやすい内容。

 難しい問題。
これが解ければテストで差がつく！

 その単元のポイントをまとめた内容。

 実際の入試問題。定期テストに
出そうな問題をピックアップ。

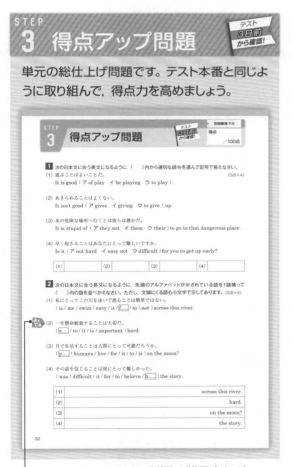

単元の総仕上げ問題です。テスト本番と同じように取り組んで，得点力を高めましょう。

アイコンで，問題の難易度などがわかります。

章末のまとめ問題です。総合的な問題にチャレンジできます。

コンパクトで，テスト当日の確認にピッタリ！赤シート付き。

1 be 動詞の過去形，過去進行形

STEP 1 要点チェック

1 be 動詞の過去形

① **be 動詞の過去形 was と were**

「～だった」「（～に）いた，あった」と過去の『状態』を表すときは，be 動詞を過去形にかえる。am，is の過去形は was ，are の過去形は were になる。

例文 My father **was** a baseball player. （私の父は野球選手だった。）

② **was と were の否定文** おぼえる！

「～ではなかった」「（～に）いなかった，なかった」という否定を表すときは，was，were のあとに not を置き，〈**主語** + was[were] not ～.〉とする。was not は wasn't ，were not は weren't と短縮できる。

例文 This book **wasn't** interesting. （この本はおもしろくなかった。）

③ **was，were の疑問文と答えの文** おぼえる！

疑問文と答え方：「～でしたか」「（～に）いましたか，ありましたか」とたずねるときは，was，were を主語の前に出し，〈Was[Were] + **主語** ～?〉とする。答えるときも was，were を使う。

例文 **Was it** sunny yesterday? （昨日は晴れでしたか。）
—— Yes, it **was**. （はい，晴れでした。）／ No, it **wasn't**.

（いいえ，晴れではありませんでした。）

2 過去進行形

① **過去進行形とは**：「～していた」「～しているところだった」と，過去のある時点で進行していた動作を表す。〈was[were] + 動詞の ing 形〉で表し，was，were は主語によって使い分ける。

例文 I was reading a book at six yesterday. （私は昨日の6時に本を読んでいた。）

② **過去進行形の否定文** おぼえる！

「～していなかった」を表すときは，was，were のあとに not を置き，〈**主語** + was[were] not + 動詞の ing 形 ～.〉とする。

例文 Hiroto **wasn't** playing tennis. （ヒロトはテニスをしていなかった。）

③ **過去進行形の疑問文と答えの文** おぼえる！

疑問文と答え方：「～していましたか」とたずねるときは，was，were を主語の前に出し，〈Was[Were] + **主語** + 動詞の ing 形 ～?〉とする。答えるときも was，were を使う。

例文 Were you cooking dinner then?（あなたはそのとき夕食を作っていましたか。）
—— Yes, I **was**. （はい，作っていました。）
No, I **wasn't**. （いいえ，作っていませんでした。）

1 次の日本文に合う英文になるように, ( ) 内から適切な語を選び, ○で囲みなさい。(10点× 4)

(1) 私は昨年, 野球チームにいた。
I (is, was, were) on the baseball team last year.

(2) あなたはそのとき幸せでしたか。
(Are, Was, Were) you happy at that time?

(3) リサはそのとき歌を歌っていた。
Lisa (is, was, were) singing a song at that time.

(4) 彼らはそのときサッカーをしていなかった。
They weren't (play, played, playing) soccer then.

1
(1) be 動詞の過去形は was, were のどちらか。主語に合わせてかえる。
(4) 直前に be 動詞があるので, 過去進行形にする。

2 次の日本文に合う英文になるように, _____ に適切な語を書きなさい。
(10点× 3)

(1) これらのイヌたちはお腹をすかせていた。

These dogs _____ hungry.

(2) この本は高かったですか。 ―いいえ, 高くありませんでした。

_____ this book expensive? ―No, it _____.

(3) あなたの妹は英語を勉強していましたか。

_____ your sister _____ English?

2
(1) 主語が複数形なので, were を使う。

3 次の日本文を, ( ) 内の語句を使って英語にしなさい。(10点× 3)

(1) 母は私の部屋にいた。(my room)

_____

(2) 私たちはそのとき料理をしていなかった。(weren't, then)

_____

(3) だれがこの部屋をそうじしていましたか。(cleaning)

_____

3
(3) 「だれが」をたずねるので疑問詞 who を使う。

STEP 3 得点アップ問題

得点 ／100点

1 次の（　）内から適切な語を選び，記号で答えなさい。(4点×5)

(1) This movie（ ア is イ was ウ were ）popular last summer.

(2) My sister was（ ア walk イ walked ウ walking ）in the park.

(3)（ ア Did イ Was ウ Were ）you busy last week?

(4) I（ ア don't イ didn't ウ wasn't ）watching TV at that time.

(5) Who（ ア are イ was ウ were ）using this computer?

(1)		(2)		(3)		(4)		(5)	

2 次の日本文に合う英文になるように，＿＿＿＿に適切な語を書きなさい。(4点×4)

(1) 昨日は寒かった。

It ＿＿＿＿＿＿＿ cold yesterday.

(2) トムはそのとき家にいなかった。

Tom ＿＿＿＿＿＿＿ ＿＿＿＿＿＿＿ at home then.

(3) 私はそのとき写真を撮っていた。

I ＿＿＿＿＿＿＿ ＿＿＿＿＿＿＿ pictures at that time.

(4) あなたのお母さんはそのとき何を食べていましたか。

＿＿＿＿＿＿＿ ＿＿＿＿＿＿＿ your mother eating then?

(1)		(2)	
(3)		(4)	

3 次の英文を（　）内の指示にしたがって書きかえなさい。(5点×3)

(1) I was happy last night.（下線部を We にかえて）

(2) You and Maki were good friends.（疑問文に）

(3) Ken was helping his father.（下線部が答えの中心となる疑問文に）

(1)	
(2)	
(3)	

4 次の日本文に合う英文になるように，（　　）内の語句を並べかえなさい。ただし，不足する1語を補うこと。また，文頭にくる語も小文字で示してあります。(6点×2)

(1) 彼と私は同じクラスだった。

He and (in / class / the same / I).

難 (2) リョウは教室のどこに座っていましたか。(in / was / where / Ryo) the classroom?

(1)	He and	.
(2)		the classroom?

5 次の対話文を読み，あとの問いに答えなさい。

Tom : I went to the park around ten yesterday. I saw Yuki and Bill there.

Eri : ①What were they doing then?

Tom : Yuki was ②(run) with her dog.

Eri : I know her dog very well. How about Bill?

Tom : ③(彼はそのとき絵を描いていた。) His picture was nice.

(1) 下線部①の英文を，thenが指す内容を明らかにして日本語にしなさい。(5点)

 (2) ②の（　　）内の語を適切な形に直しなさい。(4点)

(3) ③の（　　）内の日本文を，paint，thenの2語を使って英語にしなさい。(6点)

(4) 本文の内容に合うものには○，合わないものには×を書きなさい。(5点×2)

(a) エリは公園でユキとビルに会った。

(b) ユキはイヌといっしょに走っていた。

(1)		(2)	
(3)		(4) (a)	(b)

6 次の絵は昨日の4時の放課後の様子です。この絵の中の人物が，そのときに何をしていたのかを表す英文を2文書きなさい。(6点×2)

1 be going to 〜 を使った未来の文

① **be going to 〜 の意味**：未来について「〜するつもりだ」「〜（する）ことになる」を表すときは，〈**主語** + **am[are, is] going to** +**動詞の原形 〜.**〉を使う。
主語の『意志・予定』　未来の『予想』
主語によって使い分ける

例文　**Yuki** is going to play tennis tomorrow.（ユキは明日テニスをするつもりだ。）

② **be going to 〜 の否定文**：「〜するつもりはない」「〜（する）ことにはならない」という否定を表すときは，**be 動詞**のあとに **not** を置き，〈**主語** + **am[are, is] not going to** +**動詞の原形 〜.**〉とする。

例文　**I am not going to run** next Sunday.（私は次の日曜日に走るつもりはない。）

③ **疑問文と答え方**：「〜するつもりですか」「〜（する）ことになりますか」とたずねるときは，**be 動詞**を主語の前に出し，〈**Are[Is]** + **主語** + **going to** +**動詞の原形 〜?**〉とする。答えるときも **be 動詞**を使う。

例文　**Is Lisa going to visit** you?（リサはあなたのところを訪れるつもりですか。）
　　　—— Yes, she is.（はい，訪ねるつもりです。）
　　　　　No, she isn't.（いいえ，訪ねるつもりはありません。）

④ **疑問詞ではじまる疑問文**：疑問詞のあとは疑問文の語順で，〈**疑問詞** + **are[is]** + **主語** + **going to** +**動詞の原形 〜?**〉となる。Yes，No ではなく具体的に答える。

例文　**What are you going to do** during the vacation?
　　　疑問詞　　疑問文の語順
　　　　　　　　　　　　　　　　　（あなたは休暇中に何をするつもりですか。）

2 will を使った未来の文

① **will の意味**：未来について「〜するつもりだ」「〜（する）だろう」と言うときは，助動詞の will を用いて〈**主語** + **will** +**動詞の原形 〜.**〉で表すことができる。
意志未来　　単純未来

例文　**He** will call you this evening.（彼は今晩，あなたに電話をするだろう。）
　　　　　　　　　　主語が3人称単数でも，will やあとの動詞には(e)s はつかない。

② **will の否定文**：「〜するつもりはない」「〜しないだろう」と否定を表すときは，**will** のあとに **not** を置き，〈**主語** + **will not** +**動詞の原形 〜.**〉とする。will not は **won't** と短縮できる。

例文　**We will not do** our homework today.（私たちは今日，宿題をするつもりはない。）

③ **will の疑問文と答え方**：**will** を主語の前に出し，〈**Will** + **主語** +**動詞の原形 〜?**〉とする。答えるときも will を使う。

例文　**Will it rain** tomorrow?（明日は雨が降るでしょうか。）
　　　—— Yes, it **will**.（はい，降るでしょう。）／ No, it **won't**.（いいえ，降らないでしょう。）

STEP
2
基本問題

別冊解答 P.2

得点

／100点

2
未来を表す表現
— be going to 〜，will —

---

1 次の文が未来の文になるよう, (　　)内の語を適切な形に直して, _____ に書きなさい。かえる必要のない場合はそのまま書くこと。(10点×3)

(1) I'm (go) to see my grandmother next summer.

_____

(2) Hiroshi will (like) this cap.　_____

(3) (Be) Kyoko going to play soccer tomorrow?　_____

1
(1) next summer＝「次の夏」
(2) will は助動詞なので, 必ずあとに動詞の原形が続く。

---

2 次の英文を(　　)内の指示にしたがって書きかえるとき, _____ に適切な語を書きなさい。(10点×5)

(1) I will study English this afternoon. (否定文に)

I _____ _____ English this afternoon.

(2) Will you come to our party? (yesで答えて)

_____ , I _____.

(3) I buy that CD. (next Mondayを加えて)

_____ _____ to buy that CD next Monday.

(4) Mike is going to practice the guitar. (否定文に)

Mike _____ _____ to practice the guitar.

(5) It will be cloudy tomorrow. (下線部が答えの中心となる文に)

_____ _____ the weather be tomorrow?

2
(1) 空所の数から, will not の短縮形を使う。
(3) next Monday は未来のこと。直後の to buy に注目。
(5) 天候をたずねるので, How ではじめる。

---

3 次のようなとき, 英語でどのように言うか書きなさい。ただし, (　　)内の語を使うこと。(10点×2)

(1) 相手に手伝いを申し出るとき。(I'll)

_____

(2) 相手に今日の予定をたずねるとき。(what, going)

_____

3
(2) 「何をするつもりですか」とたずねる文を作る。

得点アップ問題

1 次の(　　)内から適切な語句を選び，記号で答えなさい。(4点×6)

(1) Ken and I (ア　am　イ　are　ウ　is) going to practice tennis together.

(2) (ア　Are　イ　Does　ウ　Will) you go shopping this weekend?

(3) She's going to (ア　call　イ　calls　ウ　called) Ken this afternoon.

(4) Will you come? ── Yes, I (ア　are　イ　do　ウ　will).

(5) Is John going (ア　has　イ　have　ウ　to have) a birthday party?

(6) What (ア　are　イ　do　ウ　will) you going to do after school?

(1)		(2)		(3)		(4)		(5)		(6)	

2 次の日本文に合う英文になるように，_____に適切な語を書きなさい。(5点×4)

**よく
でる**

(1) リカは将来サッカー選手になるだろう。

Rika _____ _____ a soccer player in the future.

(2) 今晩は雨が降らないだろう。

It's _____ going to _____ this evening.

(3) 私は明日2時に家を出るつもりだ。

_____ _____ home at two tomorrow.

(4) あなたはどのくらい長く日本に滞在する予定ですか。

How long are you _____ _____ stay in Japan?

(1)		(2)	
(3)		(4)	

3 次の日本文に合う英文になるように，(　　)内の語句を並べかえなさい。ただし，文頭にくる語も小文字で示してあります。(5点×2)

(1) 私たちは明日野球をするつもりはない。

(play / not / to / we're / going / baseball) tomorrow.

(2) あなたは今晩，リサにEメールを送りますか。

(send / Lisa / will / to / you / an E-mail) this evening?

(1)		tomorrow.
(2)		this evening?

よくでる 4 右の表は，マリ（Mari）の来週の予定です。次の質問に英語で答えるとき，＿＿＿＿＿に適切な語を書きなさい。(5点×4)

(1) Is Mari going to have a piano lesson next Monday?
　　— ＿＿＿＿＿＿＿＿＿ , she ＿＿＿＿＿＿＿＿ .

(2) What is Mari going to do next Wednesday?
　　— She's going to ＿＿＿＿＿＿＿ ＿＿＿＿＿＿＿ .

(3) When is Mari going to go to *juku*?
　　— ＿＿＿＿＿＿＿ ＿＿＿＿＿＿＿ .

(4) Where is Mari going to go on Saturday?
　　— She's going to ＿＿＿＿＿＿＿ to ＿＿＿＿＿＿＿ .

曜日	予定
月曜日	ピアノのレッスン
火曜日	
水曜日	テニスをする
木曜日	塾のテスト
金曜日	
土曜日	神戸で買い物
日曜日	

(1)		(2)	
(3)		(4)	

5 次の対話文を読み，あとの問いに答えなさい。

Ken　：（　　①　　）you have any plans for next Sunday?
Judy：No, I don't.
Ken　：②(go / to / I'm / going / the zoo / to) with my family. Will you come with us?
Judy：Sure. Where（　　③　　）we meet?
Ken　：Let's meet at the station at ten o'clock.
Judy：OK. I can't wait!

(1) ①③の（　　）に適切な1語を書きなさい。(4点×2)

(2) ②の（　　）内の語句を並べかえて，意味の通る英文にしなさい。(6点)

(3) 本文の内容に合うように，次の（　　）に適切な日本語または数字を書きなさい。(6点)
　　ケンの家族とジュディは今度の（　　　　）曜日の（　　　　）時に（　　　　）で会う。

(1)	①		③	
(2)				with my family.
(3)				

6 あなた自身について，明日の予定を英語1文で書きなさい。(6点)

13

定期テスト予想問題

別冊解答 P.3

目標時間 **45**分

得点 ／100点

① 次の（　　）に適する語を下の〔　　〕内から選び，記号で答えなさい。ただし，同じ語は2度使えません。また，文頭にくる語も小文字で示してあります。(5点×6)

(1) （　　　　）Sayo going to play basketball tomorrow?

(2) Were you playing the guitar at that time? —— Yes, I（　　　　）.

(3) （　　　　）you going to play soccer next Sunday?

(4) I（　　　　）be a Japanese teacher.

(5) Where（　　　　）you yesterday morning?

(6) What will you（　　　　）this evening?

〔
ア　was　　イ　were　　ウ　is
エ　are　　オ　do　　カ　does
キ　did　　ク　will　　ケ　am
〕

(1)		(2)		(3)		(4)		(5)		(6)	

② 次の（　　）内から適切な語句を選び，記号で答えなさい。(5点×3)

(1) We（ア　will have　イ　had　ウ　having　エ　has）a lot of rain next week.

(2) Mike and I（ア　is　イ　was　ウ　are　エ　were）studying math then.

(3) Miki（ア　doesn't　イ　didn't　ウ　isn't　エ　wasn't）playing the piano at ten yesterday.

(1)		(2)		(3)	

③ 次の日本文に合う英文になるように，（　　）内の語句を並べかえなさい。ただし，下線部の語の形を必要に応じてかえること。また，文頭にくる語も小文字で示してあります。(6点×3)

(1) この計画は簡単ではないだろう。

（ easy / this / is / won't / plan ）.

(2) 彼はそのときこの机を使っていなかった。

He（ at / this desk / use / wasn't ）that time.

(3) あなたはどこで昼食を食べていましたか。

（ eating / are / lunch / where / you ）?

(1)		.
(2)	He	that time.
(3)		?

4 次の英文を読み，あとの問いに答えなさい。

　　Yesterday was Ken's birthday. Andy, Hideki, Akiko, and Yuka came to Ken's house. They had lunch and enjoyed his birthday party. After the party, his mother found a *handkerchief under the table and said, "Is this Akiko's?" They saw the letter "A" on it. "Akiko went home at about four. We played cards after that. ①I saw it under the table then. It's Andy's," Ken said. "Really?" his mother said. He said, "OK. ② "

　　Ken called Andy. Andy answered, "I was looking for it .... Thank you, Ken." "Oh, is it yours?" Ken asked. "Yes, it's mine ... no, my sister, Ann's. I borrowed it from her this morning," Andy said. "I see. I'll bring it to school tomorrow," Ken said. "Thanks. See you then," Andy said.

　　Ken's mother said, "This is not Andy's, right?" Ken said with a smile, " ③ "

　　* handkerchief「ハンカチ」

(1) 下線部①を否定文に書きかえなさい。(5点)

よくでる (2) ②③の □ に適する文を選び，記号で答えなさい。(4点×2)

　ア　I said so.　　イ　I'll ask Andy.　　ウ　You are right.　　エ　That's too bad.

(3) 本文の内容に合うように，次の質問に4語以上の英語で答えなさい。(6点×2)

　(a)　What did Ken's mother find under the table?

　(b)　Ken called Andy after the party. What was Andy looking for then?

(1)				(2)	②		③	
(3)	(a)							
	(b)							

入試に出る! **5** 次の対話文が完成するように，(1)には4語以上の英文を，(2)には日本文を英文に直して書きなさい。ただし，符号は語数に含みません。〈徳島県改〉(6点×2)

A：I'm going to do the volunteer activity with my friends tomorrow morning.

B： (1) ?

A：We're going to clean the beach. Can you come? We'll begin at ten.

B：*I'm sure I can. But (2)私は遅れるでしょう *because I *must finish my homework.

　　* I'm sure ～「きっと～と思う」　because「～なので」　must finish「終わらせなければならない」

(1)		?
(2)	But	

STEP 1 要点チェック

1 不定詞

不定詞とは：〈**to** ＋動詞の原形〉を<u>不定詞</u>といい，名詞・形容詞・副詞の働きをもつ。
└ to 不定詞ともいう

2 不定詞の名詞的用法

「**〜すること**」という名詞的な意味をもち，文中で**主語・補語・目的語**の働きをする。

例文　I like | to learn | English.（私は英語を学ぶのが好きだ。）
　　　　　〈to＋動詞の原形〉　　　「学ぶこと」が「好き」で，like の目的語になる名詞的用法。

3 文中で目的語の働きをする不定詞

① 不定詞は<u>動詞の目的語</u>になる。

例文　He **wants** | to read | this book.（彼はこの本を読みたがっている。）
　　　　　〈to ＋動詞の原形〉＝**目的語**　　　「この本を読むことを欲する」→「この本を読みたい」

② **不定詞を目的語にとる一般動詞**：すべての一般動詞が不定詞を目的語にとるとは限らない。

例　begin［start］to 〜 「〜しはじめる←〜することをはじめる」，

hope to 〜 「〜することを望む」，| like to | 〜 「〜することが好きだ」，

love to 〜 「〜することが大好きだ」，need to 〜 「〜する必要がある」，

try to 〜 「〜しようと努める←〜することに努める」，

| want to | 〜 「〜したい←〜することを欲する」，

| want to be | 〜 「〜になりたい」，

would like to 〜 「〜したいと思う」
└ want to 〜よりもていねいな言い方

4 文中で主語の働きをする不定詞 おぼえる!

例文　| To make | a cake is difficult.（ケーキを作ることは難しい。）
　　　　　〈to ＋動詞の原形〉＝主語

> ミス注意　〈**to** ＋動詞の原形 〜〉はひとかたまりで3人称単数扱い！
> × To read books **are** important.
> 　　　　　　　　└ books につられて are にしない！
> ○ **To read books** is important.（本を読むことは大切だ。）

5 文中で補語の働きをする不定詞 おぼえる!
　　└ be 動詞などのあとで主語を説明する語句

例文　**My job** is | to wash | the dishes.（私の仕事は皿を洗うことだ。）
　　　　　〈to ＋動詞の原形〉＝補語 ➡ My job ＝ to wash the dishes

基本問題

テスト
5日前
から確認!

別冊解答 P.4

得点
／100点

3
不定詞①
─名詞的用法─

1 次の日本文に合う英文になるように,( )内から適切な語句を選び, 記号を○で囲みなさい。(10点×3)

(1) 彼女は音楽を聞くのが好きだ。
　　She likes (ア　listen　イ　listens　ウ　to listen) to music.

(2) 英語を学ぶのはおもしろい。
　　To learn English (ア　is　イ　are　ウ　am) interesting.

(3) あなたはすしを食べたいですか。
　　Do you (ア　start to　イ　want to　ウ　try to) eat sushi?

2 次の英文を( )内の指示にしたがって書きかえなさい。(10点×4)

(1) Chris plays baseball.（likes toを加えて）

　　_____

(2) I am a good dancer.（「～になりたい」という文に）

　　_____

(3) Koji needs to use a computer.（下線部が答えの中心となる文に）

　　_____

(4) Books are interesting.（下線部を「本を読むこと」にかえて）

　　_____

3 下線部の不定詞に注意して,次の英文を日本語にしなさい。(10点×3)

(1) Ken likes to take pictures.

　　(　　　　　　　　　　　　　　　　　　　　　　　　　　)

(2) My sister's job is to play the piano.

　　(　　　　　　　　　　　　　　　　　　　　　　　　　　)

(3) To speak English is not difficult.

　　(　　　　　　　　　　　　　　　　　　　　　　　　　　)

1
(1)不定詞の名詞的用法は〈to＋動詞の原形〉で表す。

2
(3)「コウジは何をする必要がありますか。」という文を作る。
(4)〈to＋動詞の原形～〉は全体で1つの名詞としてとらえるため, 主語になるときは3人称単数扱い。

3
(3)文頭のTo speak Englishは, ひとかたまりで主語となる名詞と考える。

1 次の英文の意味が通るように（　　）内の語句を加えるとき，適切な位置を記号で答えなさい。

(4点×6)

(1)　I don't ア want イ watch ウ now.（ to ）

(2)　My job ア to イ collect ウ old books.（ is ）

(3)　I ア would イ like ウ this cake.（ to eat ）

(4)　Do you ア like イ to ウ to music?（ listen ）

(5)　For me, ア teach イ is ウ to learn.（ to ）

(6)　Kazuya ア tries イ to ウ kind to old people.（ be ）

(1)		(2)		(3)		(4)		(5)		(6)	

2 次の日本文に合う英文になるように，＿＿＿に適切な語を書きなさい。(6点×4)

(1) アキは夏に泳ぐのが大好きだ。

Aki loves ＿＿＿＿＿ ＿＿＿＿＿ in summer.

(2) 昨夜，雨が強く降り出した。

It started ＿＿＿＿＿ ＿＿＿＿＿ hard last night.

(3) 恋愛物語を読むことはとても楽しい。

＿＿＿＿＿ read love stories ＿＿＿＿＿ a lot of fun.

(4) 私たちはまたあなたに会うことを望んでいる。

We ＿＿＿＿＿ ＿＿＿＿＿ see you again.

(1)		(2)	
(3)		(4)	

3 次の各組の英文がほぼ同じ内容を表すように，＿＿＿に適切な語を書きなさい。(6点×2)

よく
でる

(1) ⎰ His dream is to be a doctor.
　　⎱ He ＿＿＿＿＿ ＿＿＿＿＿ be a doctor.

(2) ⎰ I want to go to Africa in the future. It's my dream.
　　⎱ My dream ＿＿＿＿＿ ＿＿＿＿＿ go to Africa in the future.

(1)		(2)	

4 次の対話文を読み，あとの問いに答えなさい。

Tom：Mr. Sato sent a letter to me last week. I want to write back to him.
Do you have anything for a letter?

Ann：Yes, I do. I have *some pieces of *Japanese paper. ┌─── ① ───┐

Tom：Oh, thank you. I like this Japanese paper.

Ann：②I'm glad.

Tom：I want to tell a lot of things to him. What do I need to write first? Let's
see ... I don't know!

Ann：*Take your time. ③(in Japanese / write / isn't / a letter / to) easy.

<small>* some pieces of ～「数枚の～」 Japanese paper「和紙」 Take your time.「あせらないで。」</small>

(1) ①の ┌──┐ に適する文を選び，記号で答えなさい。(6点)

　ア　Where are you?　　　　イ　Here you are.
　ウ　You are welcome.　　　エ　I'm sorry.

(2) 下線部②のようにアンが言った理由を日本語で答えなさい。(7点)

(3) 下線部③が「日本語で手紙を書くことは簡単ではない。」という意味になるように，（　　）内の語句を並べかえなさい。(7点)

(4) 本文の内容に合うように，次の質問に答える文として正しいものを，記号で答えなさい。(8点)

　What is Tom's problem?

　ア　He wants to write a lot of things.
　イ　He doesn't have Japanese paper.
　ウ　He can't read a letter from Mr. Sato.

(1)	
(2)	
(3)	easy.
(4)	

5 あなた自身について，次の質問に主語と動詞のある英語1文で答えなさい。(6点×2)

(1) What do you want to be in the future?

 (2) What do you like to do in your free time?

(1)	
(2)	

STEP 1　要点チェック

テスト 1週間前 から確認!

1 不定詞の副詞的用法

① 動作の目的・意図を表す副詞的用法：「～するために」

> **例文** I **came** here | to help | you. （私はあなたを手伝うためにここへ来た。）
> 　　　　動詞 ↑ └─目的・意図
> 　　　　　　　　　　　　　　　　　　　　「来た」のは「手伝うため」→動詞を修飾するから, 副詞的用法という。

> **よく でる** 不定詞はWhy ～ ?の疑問文の応答にも使える！
>
> **Why** did you come here? （あなたはなぜここに来たのですか。）
> —— **To help** you. （あなた を手伝うため です。）
> 　└─理由・目的を答える

② 感情の原因を表す副詞的用法：感情を表す形容詞のあとで，「～して」の意味。
　└感情を表す形容詞を修飾するから, 副詞的用法

> **例文** I'm **happy** | to see | you. （私はあなたに会えてうれしい。）
> 　　　　形容詞 ↑ └─原因
> 　　　　　　　　　　　　　　happy「うれしい」という感情の原因が, to see「会えて」という関係。

> **おぼえる!** 感情を表す形容詞を整理！
>
> glad「うれしい」, happy「うれしい」, sad「悲しい」, sorry「残念な」,
> surprised「驚いた」, unhappy「不幸な」

2 不定詞の形容詞的用法

① 「～するための, ～するべき」という意味を表し，**名詞**や**代名詞**を修飾する。

> **例文** We have a lot of **things** | to learn | . （私たちには学ぶべきことがたくさんある。）
> 　　　　　　　　　　　　　名詞 ↑
> 　　　　　　　　　　　　　　　　　　　名詞・代名詞を修飾するから, 形容詞的用法。

② -thing を形容詞と不定詞が修飾するときは〈**-thing** ＋形容詞＋ **to** ＋動詞の原形〉の順になる。
　　　　　　　　　　　　　　　　　　　　　　　　　　　　　　　　　　　└不定詞

> **例文** Do you want | anything cold to drink | ?
>
> 　　　　　　　　　　　　（あなたは何か冷たい飲み物がほしいですか。）

> **ポイント** 副詞的用法・形容詞的用法の不定詞の働き
>
> **副詞的用法** I **got up early** to run . （私は走るために早起きした。）
> 　　　　　　　　　　　　└─動詞を修飾する副詞的用法
>
> 　　　　We are **surprised** to hear the news. （私たちはその知らせを聞いて驚いている。）
> 　　　　↑ └──────────形容詞を修飾する副詞的用法
>
> **形容詞的用法** I have a lot of **homework** to do . （私にはするべき宿題がたくさんある。）
> 　　　　　　　　　　　　　　　↑ └──名詞(や代名詞)を修飾する形容詞的用法

1 次の下線部の不定詞の意味を下の〔　　〕内から選び，記号で答えなさい。（10点×3）

(1) Did you go to the library to study math yesterday?　（　　　）

(2) I had no homework to do last night.　（　　　）

(3) We were surprised to open the box.　（　　　）

> ア　「～するための，～するべき」
> イ　動作の目的・意図「～するために」
> ウ　感情の原因「～して」

1
(1) 動詞を修飾
(2) 名詞を修飾
(3) 形容詞を修飾

2 次の英文に（　　）内の語句を加えて，意味の通る文に書きかえなさい。（10点×3）

(1) I'm glad you. (to see)

_____

(2) Yoko went to the shop some CDs. (to buy)

_____

(3) He made something hot. (to drink)

_____

2
(2) 「ヨウコは CD を買うためにその店へ行った。」
(3) 「彼は何か温かい飲み物を入れて[作って]くれた。」

3 次の日本文に合う英文になるように，（　　）内の語句を並べかえなさい。（10点×4）

(1) リョウは走るために早く起きた。Ryo (run / early / got up / to).

Ryo _____.

(2) 私には書くべきEメールがある。

I (to / an E-mail / have / write).

I _____.

(3) 私たちはあなたを手伝えてうれしい。

We're (you / happy / help / to).

We're _____.

(4) 医者を呼びに行こう。Let's (a doctor / call / go / to).

Let's _____.

3
(2) 〈to ＋動詞の原形〉は名詞のうしろに置く。
(4) 「呼びに行く」は〈go to ＋動詞の原形〉で表す。

1 次の日本文に合う英文になるように, ( )内から適切な語句を選び, 記号で答えなさい。

(1) あなたは明日するべきことがたくさんある。　　　　　　　　　　　　　　　　　(5点×4)

You have a lot of things to (ア　do　イ　will do　ウ　doing) tomorrow.

(2) あなたのお兄さんは今日, 私たちに会いに来た。

Your brother came (ア　to meets　イ　met　ウ　to meet) us today.

(3) ホワイトさんは新しいレストランを開く資金を必要としている。

Ms. White needs money to (ア　opens　イ　open　ウ　opened) a new restaurant.

(4) 私たちは試合に勝ってとてもうれしかった。

We were very (ア　happy to　イ　happy　ウ　to happy) win the game.

(1)		(2)		(3)		(4)	

2 次の各組の英文がほぼ同じ内容を表すように, _____ に適切な語を書きなさい。(6点×4)

よく
でる (1) ｛ She wants some food.
　　　 She wants something _____ _____.

(2) ｛ I can work with you again. I'm glad.
　　 I'm glad _____ _____ with you again.

よく
でる (3) ｛ I went to the store. I bought a notebook there.
　　　 I _____ to the store to _____ a notebook.

難 (4) ｛ Kenji doesn't have anything to do.
　　 Kenji has _____ _____ do.

(1)		(2)	
(3)		(4)	

3 次の英文を日本語にしなさい。(6点×2)

(1) Our town has many places to visit.

(2) We don't live to eat, but we eat to live.

(1)	
(2)	

4 次の日本文に合う英文になるように，（　　　）内の語句を並べかえなさい。(6点×3)

(1) 私はその本を買いに出かけるつもりだ。　I (book / out / that / will / to / go / buy).

(2) 彼らはお別れするのが悲しかった。　　　They (say / to / goodbye / sad / were).

(3) 私は理科を勉強するために本がほしい。　I (science / to / a book / want / study).

(1)	I	.
(2)	They	.
(3)	I	.

5 次の対話文を読み，あとの問いに答えなさい。

Lisa　：Why did you go to your grandmother's house yesterday?

Hiroto：(her housework / her / with / to / help).

Lisa　：What did you do for her?

Hiroto：I cleaned her room. She is very old, so she can't do all the housework.
　　　　She needs my help.

Lisa　：You are so kind! How old is she?

Hiroto：She's 90 years old. I like her very much.

難 (1) （　　　）内の語句を並べかえて，意味の通る英文を書きなさい。(6点)

(2) 対話文の内容に合うように，次の（　　　）に適切な語を書きなさい。(4点×2)

　　Hiroto has a grandmother. She is 90 years old. She can't do all the housework.
Hiroto（　①　）to her house to（　②　）her room yesterday.

(1)				.
(2)	①		②	

6 次の日本文を，（　　　）内の語を使って英語にしなさい。(6点×2)

(1) 私にはあなたに見せたいものがある。(something, show)

(2) アンはギターをひくために公園に行った。(Ann, went)

(1)	
(2)	

定期テスト予想問題

別冊解答 P.6

目標時間	得点
45分	／100点

 ❶ 次の下線部と同じ用法の不定詞を使った文を下の〔　　〕内から選び，記号で答えなさい。

(5点×3)

(1) I have nothing <u>to do</u> today.

(2) <u>To learn</u> English is interesting to me.

(3) We went to the station <u>to meet</u> Ms. Green.

〔
ア　Mike studied hard <u>to become</u> a doctor.
イ　Emma needs some friends <u>to help</u> her.
ウ　I want <u>to drink</u> something cold.
〕

(1)		(2)		(3)	

❷ 次の（　　）内から適切な語句を選び，記号で答えなさい。(5点×6)

(1) Kazuo went to Australia （ ア　study　イ　studies　ウ　studied　エ　to study ） English. 〈沖縄県〉

(2) My dream is （ ア　study　イ　studies　ウ　to studying　エ　to study ） in Canada.

(3) To take pictures （ ア　aren't　イ　doesn't　ウ　can't　エ　isn't ） difficult for me.

(4) It started （ ア　rain　イ　rains　ウ　to rain　エ　rained ） two hours ago.

(5) I get up early （ ア　went　イ　going　ウ　to go　エ　goes ） to school.

(6) I have many things （ ア　learn　イ　learned　ウ　to learn　エ　learning ）.

(1)		(2)		(3)	
(4)		(5)		(6)	

❸ 次の日本文に合う英文になるように，_____に適切な語を書きなさい。(6点×3)

(1) 私は何か飲み物がほしい。

I want something _____ _____.

(2) 彼はその知らせを聞いて驚いた。

He was surprised _____ _____ the news.

(3) 私たちは新しい机を作ろうとした。

We _____ _____ make a new desk.

(1)		
(2)		
(3)		

❹ 次の対話文が完成するように，(   )内の語句を並べかえなさい。(7点×3)

(1) A : Why don't you play tennis with us tomorrow?

B : Sorry, but I can't. (I / things / many / to / have) do tomorrow.

入試に出る! (2) A : I'm sorry (very / call / you / to / late) at night.

B : That's OK. I was just reading a book.　　　〈千葉県〉

(3) A : Can you write Japanese?

B : Yes, but (write *kanji* / for / to / is / difficult) me.

(1)		do tomorrow.
(2)	I'm sorry	at night.
(3)	Yes, but	me.

❺ 次の日本文を英語にしなさい。(8点×2)

(1) あなたは英語を話すのが好きですか。

(2) 私は将来，医者になりたい。

(1)	
(2)	

5 不定詞③
─〈疑問詞＋to＋動詞の原形〉─

テスト
1週間前
から確認!

1 〈疑問詞＋to＋動詞の原形〉

〈疑問詞＋to＋動詞の原形〉は know, show などの動詞の目的語になる。

例文 I **don't know** | what to do | .（私は何をすべきかわからない。）

〈疑問詞＋to＋動詞の原形〉➡ know の目的語

He **showed** me | how to play | the guitar.

〈疑問詞＋to＋動詞の原形〉➡ showed の目的語

（彼は私にギターのひき方を教えてくれた。）

よくでる いろいろな〈疑問詞＋to＋動詞の原形〉

how to ～ ～する方法，どう～するか	**例文** Do you know (①　　　　　　　　　) *okonomiyaki*? （お好み焼きの作り方を知っていますか。）
what to ～ 何を～すべきか	**例文** I'm thinking about (②　　　　　　　) for the environment. （私は環境のために何をすべきかについて考えている。）
when to ～ いつ～すべきか	**例文** I don't know (③　　　　　　　) this medicine. （私はこの薬をいつ飲むべきかわからない。）
where to ～ どこで[どこに]～すべきか	**例文** Tell me (④　　　　　　　) in America. （アメリカでどこを訪れるべきか私に教えて。）
which to ～ どちらを～すべきか	**例文** I want to know (⑤　　　　　　　) for her. （私は彼女にどちらを買うべきか知りたい。）

what や which は〈疑問詞＋名詞＋to＋動詞の原形〉の形にすることもできる。

例文 Please tell me | which train | to take.

（どちらの電車に乗るべきか私に教えてください。）

Do you know | what time | to arrive at the station?

（あなたは何時に駅に着けばよいか知っていますか。）

STEP
2
基本問題

テスト
5日前
から確認!

別冊解答 P.7

得点

／100点

5
—
不定詞③
《疑問詞＋to＋動詞の原形》
—

---

1 次の日本文に合う英文になるように，_____ に適切な語を書きなさい。

(10点× 4)

(1) 私はどちらを読むべきかわからない。

I don't know _____ _____ read.

(2) あなたは何をするべきか知っていますか。

Do you know _____ _____ do?

(3) 私にこの箱を開ける方法を教えてください。

Please show me _____ _____ open this box.

(4) 私たちはどこでサッカーをするべきか知りたい。

We want to know _____ _____ play soccer.

1
(1) 「どちらを～すべきか」
は which to ～で表す。
(3) 「～する方法」は how
を使う。

2 次の日本文に合う英文になるように，( )内の語句を並べかえなさい。ただし，文頭にくる語も小文字で示してあります。(10点× 3)

(1) 彼はいつ出発するべきか知らない。

(to / know / he / leave / when / doesn't).

_____.

(2) 私は彼女に何を買うべきかたずねた。

(to / her / I / buy / asked / what).

_____.

(3) あなたはこの魚を料理する方法を知っていますか。

(you / how / cook / do / this fish / to / know)?

_____?

2
(2) 「何を～するべきか」
は what to ～で表す。

3 次の日本文を，( )内の語を使って英語にしなさい。(10点× 3)

(1) 私はどこに座るべきか知らない。(know)

_____

(2) 私にどちらを使うべきか教えてください。(please，tell)

_____

(3) あなたはいつふろに入るべきか知っていますか。(when)

_____

3
(3) 「ふろに入る」は take
a bath で表す。

1 次の( )内から適切な語句を選び，記号で答えなさい。(5点×5)

(1) I asked him how（ ア use イ to use ウ to using ）this computer.

(2) Do you know（ ア where イ where to ウ how ）go?

(3) I wanted to know（ ア which to イ which of ウ which for ）buy.

(4) I told him what（ ア studying イ to studied ウ to study ）.

(5) Please tell me（ ア when イ when to ウ when about ）clean the classroom.

(1)		(2)		(3)		(4)		(5)	

2 次の日本文に合う英文になるように，_____に適切な語を書きなさい。(3点×4)

(1) 私は何を持ってくるべきか覚えていない。

I don't remember _____ _____ bring.

(2) 私は彼に英語を勉強する方法を教えた。

I taught him _____ _____ study English.

(3) あなたはいつテニスを練習するべきか知っていますか。

Do you know _____ to _____ tennis?

(4) 私にどちらを飲むべきか教えてください。

Please tell me _____ to _____ .

(1)		(2)	
(3)		(4)	

3 次の日本文に合う英文になるように,( )内の語句を並べかえなさい。ただし，不足する1語を補うこと。また，文頭にくる語も小文字で示してあります。(6点×3)

(1) あなたは次に何をすべきか知っていますか。(do / you / to / know / do) next?

(2) その男性は私にどこへ座るべきか教えてくれた。(the man / to / me / told / sit).

(3) 彼らはどちらを選ぶべきか知らない。(choose / which / don't / know / they).

(1)		next?
(2)		.
(3)		.

4 ALTのブラウン先生（Mr. Brown）が英語の授業でサマーパーティー（summer party）について説明しています。英文を読み，あとの問いに答えなさい。

Now I'll tell you about our summer party. You will write some cards to *invite other students. Please make nice cards.

We will have the party in the music room on July 29. It starts at 2:00 in the afternoon. At the party, I'll play the guitar, and we will sing English songs. We will also watch a video. It's about my life in Canada. To watch it will be (①   ) for you.

You *should join this summer party to practice your English. ②(use / to / is / to / important / try / very / English). You *must write *one more thing on the cards. Please write this in English. This is my message, "Let's have fun together."

> * invite「～を招待する」　should join「参加すべきだ」　must「～しなければならない」　one more ～「もう１つの～」

(1) ①の（　　）に入る適切な語を〔　　〕内から選んで書きなさい。(5点)

〔 boring　　difficult　　impossible　　interesting 〕

よくでる

(2) 下線部②が「英語を使おうと努めることがとても大切だ。」という意味になるように，（　　）内の語を並べかえなさい。(6点)

(3) 本文の内容に合うように，次の（　　）に適切な語を１語ずつ書きなさい。(6点)

Mr. Brown is telling students (　　)(　　) write on cards for the summer party.

(4) 次の表はサマーパーティーについてまとめたものです。本文の内容に合うように，ⓐ～ⓓの（　　）に適切な日本語または数字を書きなさい。(4点×4)

日　時	（　ⓐ　）月29日　午後２時開始
場　所	（　ⓑ　）
目　的	（　ⓒ　）を練習するため。
内　容	英語の歌を歌ったり，先生の（　ⓓ　）についてのビデオを見たりする。

(1)		(2)		.
(3)				
(4)	ⓐ	ⓑ	ⓒ	ⓓ

5 次のようなとき英語でどのように言いますか。（　　）内の語句を使って英語にしなさい。

(6点×2)

(1) 相手に，駅への行き方を知っているかたずねるとき。(get to)

(2) 相手に，私はどこでその本を買うべきか知っていると言うとき。(where)

(1)	
(2)	

STEP 1 要点チェック

テスト1週間前から確認!

1 〈It is 形容詞 to ＋動詞の原形 ...〉の構文

① 〈It is 形容詞 to ＋動詞の原形 ...〉で「…することは～だ」を表すことができる。文頭の It は主語ではないので,「それは」とは訳さないことに注意。あとに続く〈to ＋動詞の原形 ...〉が主語である。

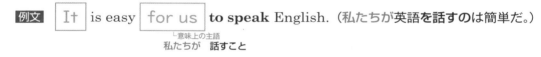

例文　To help each other is important.（たがいに助け合うことは重要だ。）

仮の主語 it を置く

主語が長いので文の後半に置いて,バランスをとる

It is important to help each other.
└形式主語ともいう　　　└真の主語

おぼえる!　〈It is 形容詞 to ＋動詞の原形 ...〉の構文で使われる形容詞

difficult「難しい」, easy「簡単な」, exciting「興奮させる」, good「よい」,
hard「難しい」, important「重要な」, impossible「不可能な」,
interesting「興味深い」, necessary「必要な」, possible「可能な」

② 意味上の主語「(人)が,(人)にとって」は,不定詞の直前に〈for ＋人〉を置いて示す。

例文　It is easy for us to speak English.（私たちが英語を話すのは簡単だ。）
└意味上の主語
私たちが　話すこと

ミス注意!　人の性質などについて,「(人)が…するのは～だ」と言うときは〈of ＋人〉!
× It is kind **for** you **to help** me.
○ It is <u>kind **of**</u> you **to help** me.
　　　└kind は「親切な」という, 人の性質を表す形容詞
（あなたが私を手伝ったのは親切だ。→ご親切に手伝ってくれてありがとう。）

③ **否定文**：否定文を作るときは be 動詞のあとに not を置く。

例文　It is not bad for him to go out.（外に出るのは彼にとって悪くない。）

④ **疑問文**：形式主語の It を使った構文の疑問文の作り方は, be 動詞の文と同じで〈be 動詞 ＋主語 ～?〉の語順。主語に置かれるのが形式主語の it。

例文　Is it hard for Victor to read Japanese?
　　be動詞 └形式主語の it
（ヴィクターにとって日本語を読むことは難しいですか。）

1 次の(　　)内から適切な語句を選び，記号を○で囲みなさい。(5点×3)

(1) It is exciting (ア to read　イ reading　ウ read) books.

(2) It is important (ア that　イ in　ウ for) us to use a computer.

(3) It was clever (ア for　イ in　ウ of) you to say so.

2 次の日本文に合う英文になるように，＿＿＿に適切な語を書きなさい。

(1) そんな間違いをするなんてトムは不注意だった。(10点)
＿＿＿＿＿ was careless ＿＿＿＿＿ Tom to make such a mistake.

(2) あなたとトランプをすることはとても楽しい。(15点)
＿＿＿＿＿ ＿＿＿＿＿ a lot of fun ＿＿＿＿＿ play cards with you.

(3) ジェーンにとって早起きは難しいことではなかった。(15点)
It ＿＿＿＿＿ ＿＿＿＿＿ hard ＿＿＿＿＿ Jane ＿＿＿＿＿ get up early.

3 次の日本文に合う英文になるように，(　　)内の語句を並べかえなさい。ただし，文頭にくる語も小文字で示してあります。(15点×3)

(1) 彼女にとって英語で手紙を書くことは難しい。
(her / for / to / write / is / a letter / it / hard) in English.

＿＿＿＿＿＿＿＿＿＿＿＿＿＿＿＿＿＿＿＿＿ in English.

(2) 私たちにとって中国語を学ぶことは大切ですか。
(to / study / is / important / for / us / it) Chinese?

＿＿＿＿＿＿＿＿＿＿＿＿＿＿＿＿＿＿＿＿＿ Chinese?

(3) あんなふうに話すなんて彼女はりこうではない。
(clever / to / not / her / it / of / is) speak like that.

＿＿＿＿＿＿＿＿＿＿＿＿＿＿＿＿＿＿＿＿＿ speak like that.

1
(1) 文の先頭には形式主語 It を置き，形容詞と to ＋動詞の原形を続けるのが基本。

2
(1) 形容詞が人の性質を表す場合は，〈for ＋人〉の代わりに〈of ＋人〉を使う。
(2) play cards「トランプをする」

3
(2) 疑問文のときは be 動詞を文頭に置く。

6 不定詞④
— It is ... for A to ～ —

得点アップ問題

1 次の日本文に合う英文になるように，（　　）内から適切な語句を選んで記号で答えなさい。

(1) 遊ぶことはよいことだ。　　　　　　　　　　　　　　　　　　　　　　　　　　　(5点×4)

It is good （ ア of play　イ be playing　ウ to play ）.

(2) あきらめることはよくない。

It isn't good （ ア gives　イ giving　ウ to give ） up.

(3) あの危険な場所へ行くとは彼らは愚かだ。

It is stupid of （ ア they not　イ them　ウ their ） to go to that dangerous place.

(4) 早く起きることはあなたにとって難しいですか。

Is it （ ア not hard　イ easy not　ウ difficult ） for you to get up early?

(1)		(2)		(3)		(4)	

2 次の日本文に合う英文になるように，先頭のアルファベットが示されている語を1語補って
（　　）内の語を並べかえなさい。ただし，文頭にくる語も小文字で示してあります。(5点×4)

(1) 私にとってこの川を泳いで渡ることは簡単ではない。

(is / me / swim / easy / it / f..... / to / not) across this river.

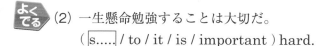

(2) 一生懸命勉強することは大切だ。

(s..... / to / it / is / important) hard.

(3) 月で生活することは人間にとって可能だろうか。

(p..... / humans / live / for / it / to / is) on the moon?

(4) その話を信じることは彼にとって難しかった。

(was / difficult / it / for / to / believe / h.....) the story.

(1)		across this river.
(2)		hard.
(3)		on the moon?
(4)		the story.

3 次の英文はシホ (Shiho) さんのある日の日記です。これを読み，あとの問いに答えなさい。

(10点×6)

Today, in the P.E. class, I played softball for the first time. Softball is very much like baseball. We play it with bats, gloves and balls. First, Ms. Miyama told us how to play it. Then, we tried the game. My friends, Erika and Sarah, played very well. I was surprised to see that. I couldn't play well like them. Well, in fact, I played really badly. *In particular, ①(to / was / it / for / hit the ball / me / difficult). I was *embarrassed, but then, Erika said to me, "Watch the ball *carefully." I tried *as she said, and I was able to hit ②it! I was happy. ③It is important to watch the ball carefully to hit it. I said to Erika, "④It's very (   )(   )(   )(   )(   ) me some good *advice!" I enjoyed softball very much.

We will have a *game between two groups next week. I want to play on the same team with Erika. ⑤It will be fun to play softball with her again. Anyway, I'm *looking forward to the next game.

(注) in particular「特に」 embarrassed「恥ずかしい」 carefully「注意深く」 as she said「彼女が言ったように」
advice「アドバイス」 game between two groups「2組に分かれて行う試合」
look forward to ～「～を楽しみにしている」

(1) ①の（　　）内の語句を並べかえて，意味の通る英文を完成させなさい。

(2) 下線部②のitが指す内容を2語の英語で書きなさい。

(3) 下線部③のitが指す内容を5語の英語で書きなさい。

(4) 下線部④が，「いいアドバイスをくれてあなたは親切ね！」という内容になるように，
（　　）の中に当てはまる語を書きなさい。

(5) 下線部⑤の英文を日本語に直しなさい。

(6) シホさんについて，次のうち日記に書かれている内容に当てはまるものを1つ選んで記号で答えなさい。

　ア　エリカからのアドバイスにしたがってプレーしてみたが，ボールを打てなかった。

　イ　以前からサラ (Sarah) がソフトボールの選手であることは知っていた。

　ウ　ボールがうまく打てないことが恥ずかしかった。

(1)	In particular,	.
(2)		
(3)		
(4)		
(5)		
(6)		

要点チェック

テスト
1週間前
から確認！

① 動名詞

動名詞とは：「～すること」という意味を表し，名詞の働きをする**動詞の ing 形**をいう。

② 動名詞の働き

① 動名詞は**動詞の目的語**になる。

└動詞が表す動作の働きを受ける名詞，または名詞的な語句

例文 We │ enjoyed talking │ about soccer.（私たちはサッカーについて**話すこと**を楽しんだ。）

enjoyed の目的語　　　　　　　　　　話すことを楽しんだ→話して楽しんだ

② 動名詞は**主語**になる。

例文 │ Eating │ breakfast │ is │ important.（**朝食を食べること**は大切だ。）

主語　　　　　　　　　動詞

③ 動名詞は**補語**になる。

└be 動詞などのあとで主語を説明する語句。「主語＝補語」の関係

例文 **My hobby** is │ singing │ songs.（**私の趣味は歌を歌うこと**だ。）

主語　　　　　　　　　　　　　　　　　私の趣味＝歌を歌うこと

補語

④ 動名詞は**前置詞の目的語**になる。**不定詞は前置詞の目的語にならない**ので注意する。

例文 Mike is good │ at swimming │ .（マイクは**泳ぐの**が得意だ。）

at の目的語　　　　前置詞 at のあとには，不定詞 to swim はこない。

③ 動名詞と不定詞 おぼえる！

① **動詞の目的語**：目的語に動名詞をとるか，不定詞をとるか，その両方をとるかは，**動詞によって決まっている**。

よく
でる 目的語に動名詞をとる動詞，不定詞をとる動詞

目的語に動名詞だけをとる動詞	**enjoy, finish, give up, stop** など
目的語に不定詞だけをとる動詞	**decide, hope, want, wish** など
目的語に動名詞と不定詞をとる動詞	**begin, like, love, start** など

② **主語・補語**：主語や補語になる動名詞は，**不定詞に書きかえられる**。

例文 **Baking** bread is a lot of fun.

動名詞

‖

To bake bread is a lot of fun.（**パンを焼くこと**はとても楽しい。）

不定詞

基本問題

1 次の（　）内の語を適切な1語に直して，＿＿＿＿に書きなさい。

(10点×4)

(1) I enjoyed (watch) DVDs.　＿＿＿＿＿＿

(2) Tom didn't finish (clean) his room.　＿＿＿＿＿＿

(3) He stopped (eat) too much.　＿＿＿＿＿＿

(4) How about (sit) under that tree?　＿＿＿＿＿＿

1
(4) 前置詞の目的語として続けるのに正しい，名詞的な働きになる形を考える。

2 次の日本文に合う英文になるように，＿＿＿＿に適切な語を書きなさい。

(10点×3)

(1) あなたは走るのが好きですか。

　　Do you ＿＿＿＿＿＿ ＿＿＿＿＿＿ ?

(2) 外国語を学ぶことは難しい。

　　＿＿＿＿＿＿ foreign languages ＿＿＿＿＿＿ difficult.

(3) ジョンはさようならを言わないで出て行った。

　　John went out ＿＿＿＿＿＿ ＿＿＿＿＿＿ goodbye.

2
(2) 1つ目の空所からlanguagesまでが主語。主語の「数」に注意する。
(3) 「～しないで」＝without ～ing
前置詞withoutのうしろにくる目的語になる語の形を考える。

3 次の日本文を，（　）内の語を使って英語にしなさい。(10点×3)

(1) 雨がやんだ。(raining)

　　＿＿＿＿＿＿＿＿＿＿＿＿＿＿＿＿＿＿

(2) あなたは沖縄で泳いで楽しみましたか。(swimming)

　　＿＿＿＿＿＿＿＿＿＿＿＿＿＿＿＿＿＿

(3) 私たちを手伝ってくれてありがとう。(helping)

　　＿＿＿＿＿＿＿＿＿＿＿＿＿＿＿＿＿＿

3
(1) 天気を表す文なので，主語はitにする。
(2) 「～して楽しむ」＝enjoy ～ing
(3) 「～してくれてありがとう。」＝Thank you for ～ing.

別冊解答 P.9

テスト **3日前** から確認！

得点 ／100点

1 次の（　）内から適切な語句を選び，記号で答えなさい。(4点×5)

(1) Mr. White started（ ア　think　イ　thinks　ウ　thinking ）about his trip.

(2) I stopped（ ア　eat　イ　eating　ウ　ate ）chocolate.

(3) Do you want（ ア　use　イ　using　ウ　to use ）this bike?

(4) Watching soccer games（ ア　is　イ　are　ウ　am ）exciting.

(5) I'm interested in（ ア　cook　イ　cooking　ウ　to cook ）Japanese food.

(1)		(2)		(3)		(4)		(5)	

2 次の各組の英文がほぼ同じ内容を表すように，＿＿＿＿に適切な語を書きなさい。(5点×3)

(1) ｛ To know each other is very important.
　　＿＿＿＿＿＿ each other ＿＿＿＿＿＿ very important.

(2) ｛ Why don't you come to the party?
　　How ＿＿＿＿＿＿ ＿＿＿＿＿＿ to the party?

難 (3) ｛ Sarah plays the piano well.
　　Sarah is good ＿＿＿＿＿＿ ＿＿＿＿＿＿ the piano.

(1)		(2)	
(3)			

よく でる **3** 次の英文を（　）内の指示にしたがって書きかえなさい。(6点×3)

(1) I love to listen to music after lunch.（動名詞を使って，ほぼ同じ内容の文に）

(2) You played baseball last Sunday. Did you enjoy it?（動名詞を使って，1つの文に）

(3) My grandfather grows rice. It is his job.（動名詞を主語に使って，1つの文に）

(1)	
(2)	
(3)	

4 次の対話文を読み，あとの問いに答えなさい。

Mother ： Tom, stop ①(play) the video game.
Tom ： Why?
Mother ： Did you finish ②(clean) your room?
Tom ： Of course, Mom.
Mother ： Then, how about your homework?
Tom ： *Not yet. ③I'll do it later.
　　　　　　* not yet「まだ」

(1) ①②の（　　　）内の語を適切な形に直しなさい。(5点×2)

(2) 下線部③を次のように言いかえるとき，（　　　）に適切な語を書きなさい。ただし，（　　　）内の語を使って書くこと。(5点)

I'll do it after（　　　　）this game.（win）

(3) 本文の内容に合うように，次の質問に英語で答えなさい。(6点×2)

　(a)　Tom's mother is talking to him.　What is he doing now?

　(b)　Did Tom finish doing his homework?

(1)	①		②		(2)	
(3)	(a)					
	(b)					

5 次の日本文に合う英文になるように，（　　　）内の語句を並べかえなさい。ただし，不要な語が1語ずつ含まれています。また，文頭にくる語も小文字で示してあります。(6点×2)

(1) あなたは新しい本を読みはじめましたか。

（ start / you / did / read / a new book / reading ）?

(2) 絵をかくことは私には簡単ではない。

（ pictures / aren't / painting / easy / isn't ）for me.

(1)		?
(2)		for me.

6 あなた自身について，次の質問に動名詞を用いた英語1文で答えなさい。(8点)

What do you like doing after dinner?

定期テスト予想問題

別冊解答 P.10　｜目標時間　45分　｜得点　／100点

❶ 次の日本文に合う英文になるように，_____ に適切な語を書きなさい。（5点×3）

(1) 私は何を書くべきか知らない。

I don't know _____ _____ write.

(2) 彼女は写真を撮るのをやめた。

She _____ _____ pictures.

(3) 中国語を話すことはあなたにとって簡単ですか。

_____ _____ easy for you to speak Chinese?

(1)	┊
(2)	┊
(3)	┊

❷ 次の（　　　）内から適切な語句を選び，記号で答えなさい。（5点×6）

(1) （ ア Study　イ Studies　ウ Studied　エ Studying ）English is important for us.

(2) Thank you for（ ア join　イ joins　ウ joining　エ to join ）us.

(3) Taking pictures（ ア aren't　イ doesn't　ウ can't　エ isn't ）difficult for me.

(4) Please tell us where（ ア plays　イ playing　ウ to play　エ to playing ）basketball.

(5) I gave up（ ア went　イ going　ウ to go　エ and go ）to parties.

(6) Are you interested（ ア in studying　イ in study　ウ to study　エ studying ）in America?

(1)		(2)		(3)	
(4)		(5)		(6)	

3 次の各組の英文がほぼ同じ内容を表すように, _____ に適切な語を書きなさい。(6点×3)

(1) { I don't like to speak in front of people.
{ I don't like _____ in front of people.

(2) { To take pictures is fun for me.
{ _____ is fun _____ me to take pictures.

よくでる (3) { Answering this question is difficult.
{ _____ difficult _____ answer this question.

(1)		(2)		
(3)				

4 次の日本文に合う英文になるように,( ) 内の語句を並べかえなさい。ただし, 文頭にくる語も小文字で示してあります。(7点×3)

(1) 朝食を食べることは大切だ。(important / breakfast / is / eating).

(2) あなたはその本を読み終えましたか。(the book / finish / did / reading / you)?

難 (3) 車を運転することは彼にとって難しいだろう。
(will / difficult / him / it / be / for) to drive a car.

(1)	.
(2)	?
(3)	to drive a car.

5 次の日本文を英語にしなさい。(8点×2)

(1) あなたは英語を話すのが得意ですか。

(2) 私はこのカメラの使い方がわからない。

(1)	
(2)	

STEP 1 要点チェック

テスト1週間前から確認!

1 助動詞

助動詞とは：動詞に意味をつけ加え，動詞の働きを助ける語を**助動詞**という。助動詞は**主語**の人称・数にかかわらず〈**助動詞**＋**動詞の原形**〉の形で使う。

└1人称・2人称・3人称，単数・複数

2 must

① **must の意味**：〈**must**＋**動詞の原形**〉の形で「〜しなければならない」という義務や命令を表す。過去・未来は have to を活用して表す。

例文　I **must get** up early.（私は早く**起き**なければならない。）
　　　　助動詞　動詞の原形

② **must の否定文**：must not は「〜してはいけない」と**禁止**を表す。

例文　We ┃ must not ┃ **give** up.（私たちは**あきらめてはいけない**。）

③ **must の疑問文**：疑問文は must を主語の前に出す。

例文　**Must I leave** soon?（私はすぐに**出発し**なければなりませんか。）
　　　── Yes, you **must**.（はい，そうしなければなりません。）
　　　　　No, you **don't have to**.（いいえ，その必要はありません。）

3 should

〈**should**＋**動詞の原形**〉で「〜すべきである」という提案や義務を表す。

例文　Ted ┃ should ┃ **go to bed** early.（テッドは早く**寝る**べきだ。）
　　　　　　　　助動詞　　　動詞の原形
　　　You **should not miss** this movie.（あなたはこの映画を**見のがす**べきではない。）

4 have to

① **have to の意味**：〈**have to**＋**動詞の原形**〉の形で「〜しなければならない」という義務や必要を表す。主語が3人称単数の場合は **has to**，過去の文では **had to** で表す。
　　　　　　　　　　　　　　　　　　　　　　　　　　　　　　　　　　　└過去の文では must を使わない

例文　I **have to clean** my room.（私は自分の部屋を**そうじし**なければならない。）
　　　　　　　　　動詞の原形

　　　Kota ┃ has to ┃ **clean** his room.（コウタは自分の部屋を**そうじし**なければならない。）
　　　　　　　　　　　　　動詞の原形　to のあとの動詞に(e)s はつけない。

　　　We ┃ had to ┃ **clean** our room.（私たちは部屋を**そうじし**なければならなかった。）
　　　　　　　　　　　動詞の原形　　to のあとの動詞は過去形にしない。

② **have to の否定文**：**don't[doesn't] have to** 〜で「〜しなくてよい」という意味を表す。

例文　I **don't have to go** to school tomorrow.（私は明日，学校へ**行か**なくてよい。）

③ **have to の疑問文**：疑問文は〈**Do[Does]**＋**主語**＋**have to** 〜?〉で表す。

例文　**Do I have to answer** the question?（私は質問に**答え**なければなりませんか。）

STEP
2
基本問題

テスト
5日前
から確認！

別冊解答 P.11

得点

／100点

1 次の日本文に合う英文になるように，_____に適切な語を書きなさい。

(10点×4)

(1) 私たちはこの問題について考えなければならない。

　　We _____ _____ about this problem.

(2) あなたは家族に電話をしなければならない。

　　You _____ _____ call your family.

(3) あなたたちは今日，ふろに入ってはいけない。

　　You _____ _____ take a bath today.

(4) 私はここで待たなければなりませんか。

　　_____ I _____ to wait here?

2 次の英文を（　　）内の指示にしたがって書きかえるとき，_____に適切な語を書きなさい。（12点×3）

(1) I have to go shopping today.（主語をmy brother にかえて）

　　My brother _____ _____ go shopping today.

(2) I must write my phone number here.（疑問文に）

　　_____ _____ write my phone number here?

(3) You should take this medicine.（否定文に）

　　You _____ _____ take this medicine.

3 次の日本文に合う英文になるように，（　　）内の語句を並べかえなさい。ただし，文頭にくる語も小文字で示してあります。（12点×2）

(1) 私たちは家に帰らなければならない。

　　(go / we / must / home).

　　_____.

(2) あなたは昼食を作らなくてよい。

　　(have / don't / make lunch / you / to).

　　_____.

1
(1)(2) 空所の数に注意して，must と have to のどちらを使うかを考える。
(3) 助動詞を用いた「〜してはいけない」の表現を考える。

8
助動詞①

2
(2) 助動詞 must の位置を考える。
(3)否定語 not の位置に注意。

3
(2)〈don't have to ＋動詞の原形〉の形。

1 次の日本文に合う英文になるように，_____ に適切な語を書きなさい。(5点×4)

(1) 私たちは友達に親切にしなければならない。

　　We _____ _____ kind to our friends.

(2) トムは彼のネコを探さなければならない。

　　Tom _____ _____ look for his cat.

(3) 私は今，決めなければなりませんか。

　　_____ I _____ to decide now?

(4) あなたは今日，学校へ行くべきでない。

　　You _____ _____ go to school today.

(1)		(2)	
(3)		(4)	

2 次の英文を（　　）内の指示にしたがって書きかえるとき，_____ に適切な語を書きなさい。

(5点×2)

(1) I practice soccer every day. （「～しなければならない」という文に）

　　I _____ _____ soccer every day.

(2) You have to buy a new uniform. （「～しなくてよい」という文に）

　　You _____ _____ to buy a new uniform.

(1)		(2)	

3 次の各組の英文がほぼ同じ内容を表すように，_____ に適切な語を書きなさい。(5点×2)

(1) { You must wash your shoes.
　　 { You _____ _____ wash your shoes.

よく
でる (2) { My brother has a lot of homework to finish today.
　　　 { My brother _____ _____ finish a lot of homework today.

(1)		(2)	

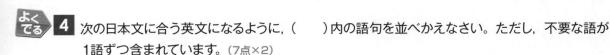 **4** 次の日本文に合う英文になるように，（　）内の語句を並べかえなさい。ただし，不要な語が1語ずつ含まれています。(7点×2)

(1) ロンは今，スポーツをしてはいけない。　Ron (play / don't / any sports / not / must) now.

(2) ユカはバスに乗らなくてよい。　Yuka (has / doesn't / a bus / to / have / take).

(1)	Ron	now.
(2)	Yuka	.

8 助動詞①

5 次の対話文を読み，あとの問いに答えなさい。

Ryo : Do you want to go fishing with us tomorrow?
Lisa : Sure! That sounds great!
Ryo : But we (　①　) to leave early in the morning.
Lisa : Early? ②(time / to / we / what / have / leave / do)?
Ryo : About five in the morning. We can catch a lot of fish early in the morning.
Lisa : OK. I'll try. ③I must go to bed early tonight.

(1) ①の（　）に適切な語を〔　〕内から選んで書きなさい。(6点)
　〔 have　　must　　should　　will 〕

(2) ②の（　）内の語を並べかえて，意味の通る英文を書きなさい。(7点)

(3) 下線部③の英文を日本語にしなさい。(7点)

(4) 本文の内容に合うものには○，合わないものには×を書きなさい。(5点×2)
　(a)　リョウはリサを魚つりにさそったが，断られた。
　(b)　魚つりには早朝が適している。

(1)		(2)	?
(3)		(4) (a)　(b)	

6 次のようなとき，英語でどのように言うか書きなさい。(8点×2)
(1) 自分の妹が今日学校へ行かなくてよいことを伝えるとき。

(2) 相手にこの映画を見るべきだと提案するとき。

(1)	
(2)	

1 許可を求める表現

① Can I 〜?：「〜してもよいですか」と許可を求める表現。

> 例文　Can I　use this computer?（このコンピュータを使ってもよいですか。）
> 　　　── All right.（いいですよ。）

② May I 〜?：「〜してもよいですか」と許可を求める表現。
　　└Can I 〜? よりていねい

> 例文　May I　come in?（入ってもよいですか。）
> 　　　── Sure.（もちろん。）/ **Yes, you may.**（はい，いいですよ。）
> 　　　　　　　　　　　　　　　└子どもや目下の人に対して使う

③ **答えの文**：許可を求める Can[May] I 〜? に答えるときは，can[may] を使わないことが多い。

許可するとき	All right.（いいですよ。），No problem.（いいですよ。），Of course.（もちろん。），OK.（いいですよ。），Sure.（もちろん。）　など
断るとき	I'm sorry, but 〜.（すみませんが，〜。）　など
	└「〜」に断る理由を続ける

2 shall を用いた表現

① Shall I 〜?：「（私が）〜しましょうか」と申し出る表現。

> 例文　Shall I　help you?（(あなたを)お手伝いしましょうか。）
> 　　　── Yes, please.（はい，お願いします。）/ No, thank you.（いいえ，けっこうです。）

② Shall we 〜?：「（いっしょに）〜しましょうか」と誘ったり，提案したりする表現。

> 例文　Shall we　play baseball?（いっしょに野球をしましょうか。）
> 　　　── Yes, let's.（はい，そうしましょう。）/ No, let's not.（いいえ，やめましょう。）

3 依頼する表現

① Can[Will] you 〜?：「〜してくれますか」と依頼する表現。

> 例文　Will you　close the window?（窓をしめてくれますか。）
> 　　　── Sure.（いいですよ。）/ All right.（いいですよ。）

② Could[Would] you 〜?：「〜してくださいませんか」とていねいに依頼する表現。
　　└Can[Will] you 〜? よりていねい

> 例文　**Could you** take me to the hospital?（私を病院へ連れていってくださいませんか。）
> 　　　── Certainly.（もちろんです。）/ No problem.（いいですよ。）

③ Can[Will] you 〜? や Could[Would] you 〜? に please をつけると，よりていねいな表現になる。please は文の終わりか，動詞のすぐ前に置く。

STEP **2** 基本問題

テスト
5日前
から確認!

別冊解答 P.12

得点

／100点

1 次のように言うとき，どのような表現を使ったらよいか，記号で答えなさい。(10点×3)

(1) 「私が～しましょうか。」と申し出るとき。　　　　(　　　)

(2) 「～してもよいですか。」と許可を求めるとき。　　(　　　)

(3) 「～してくれますか。」と依頼するとき。　　　　(　　　)

【 ア　May I ～?　　イ　Shall I ～?　　ウ　Will you ～? 】

2 次の日本文に合う英文になるように，_____に適切な語を書きなさい。

(10点×4)

(1) あなたの名前をたずねてもよろしいですか。

＿＿＿＿＿＿ ＿＿＿＿＿＿ ask your name?

(2) いっしょにパーティーを計画しましょうか。

＿＿＿＿＿＿ ＿＿＿＿＿＿ plan a party?

(3) 私たちに英語を教えてくださいませんか。

Could ＿＿＿＿＿＿ ＿＿＿＿＿＿ teach English to us?

(4) ((3)に答えて) すみませんが，私はいそがしいです。

I'm ＿＿＿＿＿＿, ＿＿＿＿＿＿ I'm busy.

2
(3) 空所の数から，つけ加えて，よりていねいになる表現を考えよう。

3 次の疑問文の答えとして適切なものを選び，記号で答えなさい。

(10点×3)

(1) Can I open this present now?　　　　　　(　　　)
　　ア　Yes, I can.　　イ　Sure.　　ウ　Yes, let's.

(2) Will you come to my house today?　　　　(　　　)
　　ア　No, I don't.
　　イ　No, thank you.
　　ウ　Sorry, but I'm busy.

(3) Could you tell me the way to the station?　(　　　)
　　ア　No, problem.　　イ　Yes, you could.　　ウ　No, thank you.

3
(1) 許可を求める文。
(2) 依頼する文。
(3) 「～してくださいませんか」とていねいに依頼する文。

得点アップ問題

1 次の（　　）内から適切な語句を選び，記号で答えなさい。(4点×5)

(1)（ ア　Will　　イ　May　　ウ　Should ）I use this room now? —— No problem.

(2)（ ア　Will　　イ　Shall　　ウ　Would ）I turn on the light? —— Yes, please.

(3) Will（ ア　I　　イ　we　　ウ　you ）sing a song for us, please?

(4)（ ア　Could　　イ　May　　ウ　Do ）you tell us about the plan?
　　 —— Sorry, but I can't.

(5) Can you clean the room, please?
　　 ——（ ア　Yes, you can.　イ　Yes, please.　ウ　OK. ）

(1)		(2)		(3)		(4)		(5)	

2 次の日本文に合う英文になるように，＿＿＿＿に適切な語を書きなさい。(5点×4)

(1) あなたのイヌにさわってもよいですか。

　　 _____ _____ touch your dog?

(2) Eメールを私に送ってくださいませんか。

　　 _____ _____ send an E-mail to me?

(3) 次の日曜日にいっしょに泳ぎに行きましょうか。 —— はい，そうしましょう。

　　 Shall we go swimming next Sunday? —— _____ , _____ .

(4) この箱を運びましょうか。 —— いいえ，けっこうです。

　　 Shall I carry this box? —— No, _____ _____ .

(1)		(2)	
(3)		(4)	

3 次の各組の英文がほぼ同じ内容を表すように，＿＿＿＿に適切な語を書きなさい。(5点×2)

(1) ⎰ I want to open the window. OK?
　　⎱ _____ _____ open the window?

(2) ⎰ Let's play basketball after school.
　　⎱ _____ _____ play basketball after school?

(1)		(2)	

難 **4** 次の日本文に合う英文になるように，（　　）内の語を並べかえなさい。ただし，文頭にくる語も小文字で示してあります。(7点×2)

(1) ここで昼食を食べませんか。(we / lunch / shall / eat) here?

(2) くつをぬいでくださいませんか。(please / off / could / take / you) your shoes?

(1)		here?
(2)		your shoes?

5 次の対話文を読み，あとの問いに答えなさい。

Mai : I went to Hokkaido during summer vacation. I visited some exciting places.

Jim : Wow! Did you take pictures?

Mai : Yes. I took a lot of interesting pictures. (　①　) bring them to you tomorrow?

Jim : That would be great. But I can't wait. Can I go to your house now?

Mai : [　②　] Let's go!

(1) ①の（　）に入る適切な語句を〔　〕内から選んで書きなさい。(5点)

〔 Can you　　Will you　　Shall I　　Must you 〕

(2) ②の □ に適する文を選び，記号で答えなさい。(5点)

ア　No, you don't have to.　　イ　No, you can't.
ウ　Sure.　　エ　Sorry, but I'm busy now.

(3) 本文の内容に合うように，次の質問に英語で答えなさい。(6点×2)

(a) Where did Mai go during summer vacation?

(b) Why does Jim want to go to Mai's house?

(1)		(2)	
(3)	(a)		
	(b)		

6 次のようなとき，英語でどのように言うか書きなさい。(7点×2)

(1) 相手のかさを使ってもよいか許可を求めるとき。

よくでる (2) 友達にピアノをひいてくれるように頼むとき。

(1)	
(2)	

定期テスト予想問題

別冊解答 P.13 ｜ 目標時間 **45**分 ｜ 得点 ／100点

❶ 次の日本文に合う英文になるように，_____ に適切な語を書きなさい。(7点×4)

(1) 私たちは明日の朝，東京に向けて出発しなければならない。

We _____ _____ for Tokyo tomorrow morning.

(2) リサはいっしょうけんめいにピアノを練習しなければならない。

Lisa _____ _____ practice the piano hard.

よくでる (3) あなたたちは太陽を見てはいけない。

You _____ _____ look at the sun.

(4) 私の姉は今日，部屋をそうじしなくてよい。

My sister _____ _____ to clean her room today.

(1)		(2)	
(3)		(4)	

入試に出る! **❷** 次の対話文が完成するように，□ に適する文を選び，記号で答えなさい。〈沖縄県〉(8点×2)

(1) A：What's wrong?

B：*I have a headache.

A：□

B：Yes, I will.

ア　Shall I bring some medicine?　　イ　You should go home now.

ウ　Sorry, I won't.　　エ　Will you *show me another one?

*I have a headache.「私は頭痛がする」　show me ～「私に～を見せる」

(2) A：Hi, Manabu. □

B：I'm sorry, I can't. I must study math today.

A：Why?

B：Because we are going to have a test tomorrow.

ア　May I carry your bag?　　イ　Which book should I read?

ウ　Shall we play tennis after school?　　エ　Where can I buy the ticket?

(1)		(2)	

❸ 次の対話文が完成するように，（　　）内の語を並べかえなさい。ただし，文頭にくる語も小文字で示してあります。(10点×2)

(1) A：(you / not / coffee / drink / should) now.
　　 B：I see.

(2) A：Will you help me with this box?　〈千葉県〉
　　 B：OK. (I / it / where / shall / put)?

(1)	now.
(2)	?

❹ 次の対話文を読み，あとの問いに答えなさい。

Taro　：Can I borrow the bathroom?
Cindy：　　①　　 But give it back to me.
Taro　：Give it back to you?
Cindy：Taro, I was just kidding. We say "*use*," not "*borrow*."
Taro　：Oh, do you?
Cindy：We say, "Can I borrow the book?" But we don't say, "Can I borrow the room?" We can carry a book, but we can't carry a room. Got it?
Taro　：Yes. Then I should say, "　　②　　"
Cindy：That's right. The bathroom is next to my room.

 (1) 　①　に適する文を選び，記号で答えなさい。(6点)

　　ア Yes, you must.　　イ Yes, I can.　　ウ Yes, let's.　　エ Sure.

(2) 　②　に適する5語の英語を書きなさい。(10点)

(1)		(2)	

❺ 次の日本文を英語にしなさい。(10点×2)

(1) 私は先週は父を手伝う必要がなかった。

(2) あとであなたに電話をかけてもよろしいですか。

(1)	
(2)	

10 重要な文型①

STEP 1 要点チェック

1 文の要素

文を構成する要素は**主語**，**動詞**，**目的語**，**補語**の4つ。

主語	S	動作や状態の主体。「～は，～が」にあたる部分。
動詞	V	主語の動作や状態を表す。「～する，～だ」にあたる部分。
目的語	O	動作の対象となる人やもの。「～を，～に」にあたる部分。
補語	C	主語や目的語の状態や性質を説明する名詞や形容詞。

例文 <u>I</u> <u>run</u> in the park.（私は公園で走る。）　　「私は走る」で，文が完結する。
　　S　V　└修飾語句

<u>We</u> <u>eat</u> <u>rice</u> every day.（私たちは毎日米を食べる。）
S　V　O　└修飾語句

「私は…を食べる」では，「何を」食べるのかわからない。「食べる」という動作の対象となるのが「米」＝目的語。

2 〈S + V + C〉の文型　おぼえる!

〈S + V + C〉の型の文は「SはCだ。」ということを表し，「S = C」の関係がある。

例文 <u>She</u> <u>is</u> <u>happy</u>.（彼女は幸せだ。）
　　S　V　C(＝形容詞)　　She = happy の関係が成り立つ。「彼女」＝「幸せな状態」

おぼえる! 〈S + V + C〉の文型で使われる動詞
am，are，is「～である」，<u>become</u>「～になる」，get「～になる」，
└あとに名詞・形容詞が続く

| look | 「～に見える」，| sound | 「～に聞こえる」，taste「～の味がする」　など

3 〈S + V + O + O〉の文型

〈S + V + O(人) + O(もの)〉の型の文は「Sは(人)に(もの)を…する」という意味を表す。
この型の文は，〈S + V + O(もの) + to[for] + (人)〉の形で表すこともできる。

例文 <u>Tom</u> | showed | <u>Ken</u> <u>some pictures</u>.
　　S　　　V　　　O(人)　O(もの)

<u>Tom</u> | showed | <u>some pictures</u> | to | <u>Ken</u>.（トムは何枚かの写真をケンに見せた。）
　　S　　　V　　　O(もの)　　　　(人)

よくでる 2つの目的語を直接並べる場合は〈人＋もの〉の順に置く!
× Give <u>some water</u> <u>me</u>.　　○ Give <u>me</u> <u>some water</u>.（私に水をください。）
　　　もの　　　人　　　　　　　人　　　もの

おぼえる! 〈to ＋人〉を使う動詞と〈for ＋人〉を使う動詞

〈to ＋人〉	give「与える」，send「送る」，show「見せる」，teach「教える」，tell「話す」　など
〈for ＋人〉	buy「買う」，cook「料理する」，get「手に入れる」，make「作る」　など

1 次の絵を見て,「〜は…に見える」という文を完成させなさい。

(10点×4)

(1)　　　　　　(2)　　　　　　(3)　　　　　　(4)

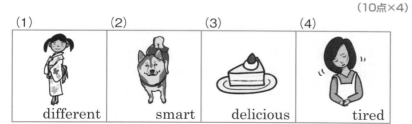

different　　smart　　delicious　　tired

(1) You ＿＿＿＿＿＿ ＿＿＿＿＿＿ today.

(2) Your dog ＿＿＿＿＿＿ ＿＿＿＿＿＿.

(3) This cake ＿＿＿＿＿＿ ＿＿＿＿＿＿.

(4) My mother ＿＿＿＿＿＿ ＿＿＿＿＿＿.

1
「〜は…に見える」は,
〈主語＋look(s)＋形容詞.〉
で表す。

10
重要な文型①

2 次の日本文に合う英文になるように, ＿＿＿＿＿に適切な語を書きなさい。

(12点×3)

(1) 兄は私に数学を教えてくれた。

My brother taught ＿＿＿＿＿ ＿＿＿＿＿ .

(2) あなたに１つ質問してもよろしいですか。

Can I ＿＿＿＿＿ ＿＿＿＿＿ a question?

(3) 私たちは彼に夕食を料理した。

We ＿＿＿＿＿ ＿＿＿＿＿ dinner.

2
(1)〜(3)動詞のあとは〈人
＋もの〉の語順。

3 次の日本文に合う英文になるように,（　　）内の語句を並べかえなさい。(12点×2)

(1) 私はあなたにこの本をあげよう。I'll (book / give / this / you).

I'll ＿＿＿＿＿＿＿＿＿＿＿＿＿＿＿＿＿＿＿＿＿＿.

(2) 私はボブにカードを送った。I (Bob / sent / a card).

I ＿＿＿＿＿＿＿＿＿＿＿＿＿＿＿＿＿＿＿＿＿＿.

別冊解答 P.14

得点

／100点

1 次の（　）内から適切な語句を選び，記号で答えなさい。(3点×5)

(1) You（ ア　look　 イ　see　 ウ　watch ）nice in the uniform.

(2) The girl will（ ア　come　 イ　become　 ウ　sound ）a great player.

(3) Please（ ア　speak　 イ　talk　 ウ　show ）me the way to the station.

(4) Will you send（ ア　it me　 イ　to me it　 ウ　it to me ）?

(5) We will（ ア　call　 イ　say　 ウ　make ）my mother a cake.

(1)		(2)		(3)		(4)		(5)	

2 次の英文を日本語にしなさい。(5点×2)

(1) We made her a doll.

(2) My father bought me a book.

(1)	
(2)	

3 次の各組の英文がほぼ同じ内容を表すように，＿＿＿に適切な語を書きなさい。(6点×4)

よく
でる

(1) ⎰ I made dinner for Ann last night.
　　⎱ I made _____ _____ last night.

(2) ⎰ Sakura showed Koji some pictures.
　　⎱ Sakura showed some pictures _____ _____ .

(3) ⎰ I cooked Mai curry.
　　⎱ I cooked curry _____ _____ .

(4) ⎰ Ms. Smith is my English teacher.
　　⎱ Ms. Smith teaches _____ _____ .

(1)		(2)	
(3)		(4)	

4 次の対話文を読み，あとの問いに答えなさい。

Maki：*Valentine's Day is coming soon. I'll (①) you a chocolate cake.

Bill ：Wow! Thank you. I want to eat it. In America, boys give chocolate to girls, too.

Maki：Oh, really? It (②) interesting.

Bill ：Some ③(flowers / give / girls / boys) or take them out to dinner.

Maki：That's wonderful! In Japan, girls have to wait until March 14.

Bill ：March 14? What day is it?

Maki：It's White Day. Boys give girls *sweets *in return.

Bill ：We have no White Day in America.

Maki：Oh, I didn't know that.

　　　　* Valentine's Day 「バレンタインデー」　　sweets 「甘いもの」　　in return 「お返しに」

(1) ①の（　　）に入る適切な語を〔　　〕内から選んで書きなさい。(6点)

　〔 eat　　make　　want　　get 〕

(2) ②の（　　）に入る適切な語を〔　　〕内から選んで書きなさい。(5点)

　〔 looks　　sounds　　becomes　　gets 〕

(3) ③の（　　）内の語句を並べかえて，意味の通る英文を書きなさい。(8点)

(4) 本文の内容に合うように，次の質問に英語で答えなさい。(8点×2)

　(a)　What will Maki do for Valentine's Day?

　(b)　Do people have White Day in America?

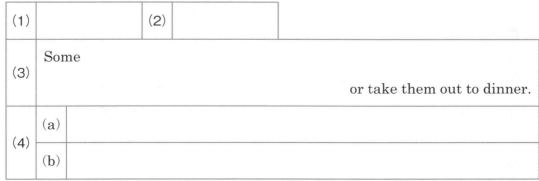

(1)		(2)		
(3)	Some 　　　　　　　　　　　　　　　　　　or take them out to dinner.			
(4)	(a)			
	(b)			

5 次の日本文を英語にしなさい。(8点×2)

(1) 私の父は私に彼のアイディアを話した。

(2) 私の姉は３年前，先生になった。

(1)	
(2)	

11 重要な文型②

STEP 1 要点チェック

1 〈S＋V＋O＋C〉の文型 よくでる

〈S + V + O + C〉の型をとる動詞には call, name, make などがある。この型では「O = C」の関係がある。

① 〈call + 人[もの] + 名前〉「(人[もの])を(名前)と呼ぶ」

〈name + 人[もの] + 名前〉「(人[もの])を(名前)と名づける」

例文 We | call | our dog John. （私たちは私たちのイヌをジョンと呼ぶ。）
S　V　O　C
　　　　　　　　　　　our dog = John の関係が成り立つ。

Ms. White | named | her daughter Kate. （ホワイト先生は娘をケイトと名づけた。）
S　　　　V　　　　O　　　C
　　　　　　　　　　　her daughter = Kate の関係が成り立つ。

ミス注意！ 「あなたは～についてどう考えますか」は how ではなく **what** を使う！
　　　　　　　　　　　　　　　　　　　　　　　　　　└名詞をたずねる
× How do you think about the problem?
○ What do you think about the problem? （あなたはその問題についてどう考えますか。）

② 〈make + 人[もの] + 形容詞[名詞]〉「(人[もの])を～(の状態)にする」

例文 Your words | made | her happy. （あなたの言葉は彼女を幸せな気持ちにさせた。）
S　　　　V　　　O　C
　　　　　　　　　　　her = happy の関係が成り立つ。

ポイント いろいろな文の構造を比較しよう！

〈S + V + C〉　　　The idea sounds good. （そのアイディアはよさそうに聞こえる。）
　　　　　　　　　　S　　　V　　C
　　　　　　　　　　　　S = C

〈S + V + O + O〉　Mike gave me this book. （マイクは私にこの本をくれた。）
　　　　　　　　　　S　　V　O(人)　O(もの)
　　　　　　　　　　　　　O ≠ O

〈S + V + O + C〉　My friends call me Ken. （友人たちは私をケンと呼ぶ。）
　　　　　　　　　　S　　　V　O　C
　　　　　　　　　　　　　O = C

ポイント O(目的語)とC(目的格補語)の関係

S + V + O + Cの文中では，O = Cの関係が成り立つ。

They **call** the dog **Kuro**.　　　the dog(O) = **Kuro**(C)
S　V　　O　　C

彼らはそのイヌをクロと呼んでいる。　　　そのイヌ(O) = クロ(C)

1 次の日本文に合う英文になるように，（　　）内から適切な語を選び，○で囲みなさい。(10点×3)

(1) 母は私をナナと呼ぶ。

My mother (called, calls, calling) me Nana.

(2) そのプレゼントに私は喜んだ。

The present (made, makes, make) me happy.

(3) 私はそのネコをモモと名づけた。

I (name, names, named) the cat Momo.

2 次の日本文に合う英文になるように，_____に適切な語を書きなさい。

(10点×4)

(1) その料理の本は，私を空腹にさせる。

The cookbook _____ _____ hungry.

(2) 私をリサと呼んでください。

Please _____ _____ Lisa.

(3) あなたはそのイヌを何と名づけるつもりですか。

_____ will you _____ the dog?

(4) なぜ彼は怒ったのですか。

_____ _____ him angry?

3 次の日本文に合う英文になるように，（　　）内の語句を並べかえなさい。ただし，文頭にくる語も小文字で示してあります。(10点×3)

(1) 彼女は私をメイと呼ぶ。(calls / Mei / she / me).

_____.

(2) 彼はあなたのアドバイスに喜んだ。

(happy / made / him / your advice).

_____.

(3) 私はその知らせを聞いて悲しかった。

(me / the news / sad / made).

_____.

1
(2)(3) 時制に注意する。

11 重要な文型②

2
(4)「何が彼を怒らせましたか。」と考えて，makeの過去形を使う。

3
(2)「あなたのアドバイスは彼を喜ばせた。」と考える。
(3)「その知らせは私を悲しくさせた。」と考える。

1 次の日本文に合う英文になるように，_____に適切な語を書きなさい。(8点×4)

(1) 私の兄は私をユリと呼ぶ。

My brother ＿＿＿＿＿＿ ＿＿＿＿＿＿ Yuri.

(2) 彼の成功に私は喜んだ。

His success ＿＿＿＿＿＿ me ＿＿＿＿＿＿.

(3) あなたはあなたのイヌを何と名づけましたか。

＿＿＿＿＿＿ did you ＿＿＿＿＿＿ your dog?

(4) なぜ彼は悲しかったのですか。

＿＿＿＿＿＿ ＿＿＿＿＿＿ him sad?

(1)			(2)	
(3)			(4)	

2 次の日本文に合う英文になるように，(　　)内の語句を並べかえなさい。ただし，不要な語が1語含まれています。また，文頭にくる語も小文字で示してあります。(6点×3)

(1) 私たちはその鳥をリリと名づけた。

(Riri / named / called / the bird / we).

(2) あなたはこの動物を何と呼びますか。

(how / call / do / this animal / you / what)?

(3) なぜあなたはそんなに驚いたのですか。

(made / so surprised / you / what / why)?

(1)		.
(2)		?
(3)		?

3 次の対話文を読み，あとの問いに答えなさい。

Judy : You look busy.　What's up?

Kana : I （　①　） make a speech next week.　②<u>That</u> makes me *nervous.　I practice hard every day.

Judy : I understand.　What is your speech about?

Kana : It's about my favorite song.

Judy : That sounds nice.　You like music very much.

Kana : Yes.　③(me / to / happy / makes / music / listening).　How about you?

Judy : I like books.　Reading books makes me *relaxed.　I sometimes read a book late at night.

* nervous「不安な」　relaxed「落ち着いた」

(1) ①の（　）内に「～しなければならない」という意味の英語2語を書きなさい。(6点)

(2) 下線部②のthatが指す内容を日本語で書きなさい。(7点)

(3) 下線部③の語を並べかえて，意味の通る英文を書きなさい。(7点)

(4) 本文の内容に合うように，次の質問に英語で答えなさい。(6点×2)

(a) Is Kana going to make a speech?

(b) What makes Judy relaxed?

(1)		
(2)		
(3)		.
(4)	(a)	
	(b)	

4 次の日本文を英語にしなさい。(6点×3)

(1) 彼らはそのパンダをリン（Rin）と名づけた。

(2) この話は彼らを悲しくさせた。

(3) あなたはこのネコを何と呼びますか。

(1)	
(2)	
(3)	

12 前置詞

テストがある日

月　日

STEP 1 要点チェック

テスト1週間前から確認!

1 前置詞

前置詞とは，名詞や代名詞などの前に置いて，さまざまな意味を表す語のこと。
└前置詞の目的語という

① 時を表す前置詞　おぼえる!

前置詞と意味		例
〈in ＋年・季節・月〉	「～に」	in 1989 「1989 年に」, in December 「12 月に」
〈on ＋日付・曜日〉	「～に」	on May 5 「5 月 5 日に」, on Monday 「月曜日に」
〈at ＋時刻〉	「～に」	at five 「5 時に」, at noon 「正午に」
before	「～の前に」	before breakfast 「朝食の前に」
after	「～のあとに」	after school 「放課後」
〈for ＋時間〉	「～の間」	for thirty minutes 「30 分間」
〈during ＋特定の期間〉	「～の間」	during summer vacation 「夏休みの間」

おぼえる!　by 「～までに(は)」は期限，until 「～まで(ずっと)」は継続の終わりを表す!

I can finish my homework | by | five o'clock. (私は5時までに宿題を終えられる。)
　　　　　　　　　　　　動作の完了の期限

This post office is open | until | five o'clock. (この郵便局は5時まで開いている。)
　　　　　　　　　　　継続した状態や動作の終わり

② 場所を表す前置詞　おぼえる!

前置詞と意味		例
in	「～(の中)に[で]」	in Canada 「カナダに」, in the bag 「バッグの中に」
on	「～(の上)に[で]」	on the table 「テーブルの上に」, on the wall 「かべに」
at	「～(のところ)に[で]」	at school 「学校で」, at the party 「パーティーで」
over	「～の上に[で]」	a bridge over the river 「川(の上)にかかった橋」
under	「～の下に[で]」	under the chair 「いすの下に」, under the tree 「木の下に」

おぼえる!　between は「(2つの)間に」，among は「(3つ以上の)間に」!

Sit between Yuki and Paul. (ユキとポールの間に座りなさい。)

This singer is popular among young people.(この歌手は若者の間で人気がある。)

おぼえる!　交通手段を表すときは by を使う!

Let's go to the park | by | bike. (自転車で公園に行こう。)
　　　　　　　　　　　└乗り物の名前に冠詞はつかない

58

STEP 2 基本問題

1 次の_____に適切な語を下の〔　　〕内から選んで書きなさい。

(10点×4)

(1) Did you go anywhere _____ summer vacation?

(2) Can you stay here _____ ten thirty?

(3) We saw a lot of stars _____ the mountains.

(4) Look at the cat _____ that chair.

〔 during　over　under　until 〕

2 次の日本文に合う英文になるように, (　　)内から適切な語を選び, ○で囲みなさい。(10点×4)

(1) 英語は世界中で使われている。

English is used (at, around, by) the world.

(2) 兄は自転車で学校へ行く。

My brother goes to school (with, on, by) bike.

(3) 私は3時間ボランティアとして働いた。

I worked as a volunteer (for, during, in) three hours.

(4) 私は日曜日の朝にパンを焼く。

I bake bread (at, in, on) Sunday morning.

3 次の日本文を, (　　)内の語を使って英語にしなさい。(10点×2)

(1) その歌は若者の間で人気がある。　(among)

_____

(2) 私は夕食の前に宿題をした。　(before)

_____

12 前置詞

1
(2) 「10時30分まで」
(3) 「山の上に」
(4) 「あのいすの下の」

2
(2) bike に a や his がついていないことに注目。
(3) 「～の間」にあたる前置詞。

3
(1) 3つ以上の「～の間に」は among を使う。

STEP
3
得点アップ問題

テスト
3日前
から確認!

別冊解答 P.16

得点

／100点

1 次の（　）内から適切な語を選び，記号で答えなさい。(4点×4)

(1) I'm going to stay in New York（ ア　until　イ　during　ウ　for ）a week.

(2) The singer is popular（ ア　among　イ　between　ウ　as ）young people.

(3) There is a bridge（ ア　at　イ　over　ウ　in ）the river.

(4) The concert starts（ ア　at　イ　from　ウ　in ）6:30.

(1)		(2)		(3)		(4)	

2 次の日本文に合う英文になるように，_____ に適切な語を書きなさい。(5点×4)

(1) 私は家族と英語で話す。

I talk with my family _____ _____.

(2) あなたは神戸へ電車で行きましたか。

Did you go to Kobe _____ _____?

(3) ケイトはどこの出身ですか。

_____ is Kate _____?

(4) 私は正午に家を出るつもりだ。

I'm going to leave home _____ _____.

(1)		(2)	
(3)		(4)	

3 次の各組の英文がほぼ同じ内容を表すように，_____ に適切な語を書きなさい。(5点×2)

(1) { I took a bath before dinner.
    { I had dinner _____ _____ a bath.

(2) { I arrived in Tokyo on June 3 and left on June 6.
    { I stayed _____ Tokyo _____ four days.

(1)		(2)	

4 次のアミ (Ami) の日記を読み，あとの問いに答えなさい。

Friday, November 22

I got up at 8 o'clock this morning. It was 30 minutes *later than usual. I jumped out (①) bed and left home (②) having breakfast. When I got (③) my classroom and sat down, our homeroom teacher opened the classroom door. I arrived in time. But I was hungry (④) the class. After school I went back home and said to my mother, "Why didn't you *wake me up this morning?" My mother said, "I *told you to go to bed early yesterday. But you didn't stop watching TV, right? That's why!" I said, "I'm sorry. I won't ⑤ stay up late tonight."

*later than usual「いつもより遅く」 wake me up「私を起こす」 told you to ～「あなたに～するように言った」

(1) ①～④の (　) に適する語を〔　〕内から選んで書きなさい。(5点×4)

〔 at　to　of　during　with　without 〕

(2) 本文の内容に合うように，次の質問に英語で答えなさい。(6点×2)

(a) Was Ami late for school this morning?

(b) What time did Ami get up this morning?

(3) 下線部⑤と反対の意味を表す4語の英語を本文から抜き出して書きなさい。(6点)

(1)	①		②	
	③		④	
(2)	(a)			
	(b)			
(3)				

5 あなた自身について，次の質問に主語と動詞のある英語1文で答えなさい。(8点×2)

(1) When were you born?

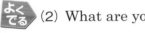 (2) What are you interested in?

(1)	
(2)	

定期テスト予想問題

別冊解答 P.17

目標時間 **45**分

得点 ／ 100点

1 次の(　　)内から適切な語を選び，記号で答えなさい。(5点×4)

(1) The library is (ア in イ at ウ between エ among) the park and the school.

(2) I'm Ryotaro, but my friends (ア say イ tell ウ call エ talk) me Ryo.

(3) I'm going to give this book (ア on イ from ウ to エ for) you.

(4) Your idea (ア sounds イ sees ウ hears エ calls) good.

(1)		(2)		(3)		(4)	

2 次の各組の英文がほぼ同じ意味を表すように，＿＿＿に適切な語を書きなさい。(6点×3)

(1) ┤ I will teach him English.
   └ I will teach English ＿＿＿＿＿ ＿＿＿＿＿ .

(2) ┤ Did you buy her a cake?
   └ Did you buy a cake ＿＿＿＿＿ ＿＿＿＿＿ ?

難 (3) ┤ Why were you so surprised?
   └ ＿＿＿＿＿ ＿＿＿＿＿ you so surprised?

(1)		(2)	
(3)			

3 次の対話文が完成するように，(　　)内の語を並べかえなさい。ただし，文頭にくる語も小文字で示してあります。(7点×2)

(1) A：I went to see a movie last night.

　　B：How was it?

　　A：It was great! (excited / made / me / it).

入試に出る! (2) A：Which dog are you talking about?

　　B：Oh, (the / one / front / black / in) of the tree. 〈千葉県〉

(1)	.
(2)	Oh, of the tree.

4 次の対話文を読み，あとの問いに答えなさい。

Andy : Do you know the Chuo Museum, Miki?

Miki : Yes. I often go there.

Andy : Can you tell me the way? I want to go there next Sunday.

Miki : Sure. Get off (①) Niwase Station. Go down Eiwa Street for two blocks and turn right at the bank. Then, you'll see the museum (②) your right.

Andy : Thanks, Miki. I like to look at pictures. ③That makes me very happy. I'm going to buy some post cards there.

Miki : That (④) good. ⑤(me / can / to / them / you / show)?

Andy : Yes, of course. I'll bring them next week.

(1) ①②の( )に適する語を〔 〕内から選んで書きなさい。(5点×2)

〔 in   on   to   for   at 〕

(2) 下線部③の英文をThatが指す内容を明らかにして，日本文にしなさい。(7点)

(3) ④の( )に適する語を選び，記号で答えなさい。(6点)

ア sounds   イ watches   ウ keeps   エ takes

(4) 下線部⑤の語を並べかえて，意味の通る英文を書きなさい。(7点)

(1)	①		②	
(2)				
(3)				
(4)				?

5 あなた自身について，次の質問に主語と動詞のある英語1文で答えなさい。(6点×3)

(1) What time did you get up this morning?

(2) What do your friends call you?

(3) What do you want to give your friend for his or her birthday?

(1)	
(2)	
(3)	

13 接続詞①
— when, if, because —

テストがある日

月　　日

STEP 1 要点チェック

テスト1週間前から確認!

1 when, if, because など

① when「(〜する)ときに」は，〈when＋主語＋動詞〜〉の形で時を表す。〈when＋主語＋動詞〜〉は，文の前半に置いても，後半に置いてもよい。前半に置くときは，コンマが必要。

> 例文　When I got up, it was raining.（私が起きたとき，雨が降っていた。）
> 〈主語＋動詞〜〉　　コンマ
> ＝ It was raining when I got up.
> 〈主語＋動詞〜〉

② if「もし〜ならば」は，条件を表す〈主語＋動詞〜〉を導く。

> 例文　If you visit Hiroshima, you should try *okonomiyaki*.
> 〈主語＋動詞〜〉　　コンマ
> （もしあなたが広島を訪れるなら，お好み焼きを試すべきだ。）

> ミス注意!　〈when[if]＋主語＋動詞〜〉では，未来のことでも現在形で表す！
> × Let's go fishing if it **will be** sunny tomorrow.
> ○ Let's go fishing if it **is** sunny tomorrow.（もし明日晴れたら，魚つりに行こう。）
> 現在形

③ because「(なぜなら)〜だから」は，理由を表す〈主語＋動詞〜〉を導く。また，Why 〜?「なぜ〜」に対しての応答文にも使う。

> 例文　I can't go because I am busy.（私は忙しいので行くことができない。）
> 文(結果)　　　　文(理由)　　　so の前後関係とのちがいに注意しよう。
> 例文　Why did you go to the library?（あなたはなぜ図書館へ行ったのですか。）
> Because I wanted to borrow books.（本を借りたかったからです。）
> 文(理由)

> ミス注意!　〈because＋主語＋動詞〜〉は，ふつう，単独では使わない！
> × I can't go. Because I am busy.
> ○ I can't go because I am busy.
> ただし，Why 〜?に対して理由を答えるときは，単独で使われる。

2 before, after

before「(〜する)前に」，after「(〜した)あとに」は〈before[after]＋主語＋動詞〜〉の形で時を表す。when と同じように文の前半に置いても，後半に置いてもよい。前半に置くときには，コンマが必要。

> 例文　Before I go to bed, I brush my teeth.（私は寝る前に歯をみがく。）
> 〈主語＋動詞〜〉　　コンマ
> ＝ I brush my teeth before I go to bed.
> 〈主語＋動詞〜〉
> 例文　After I ate dinner, I did my homework.（夕食を食べたあとに宿題をした。）
> 〈主語＋動詞〜〉　　コンマ
> ＝ I did my homework after I ate dinner.
> 〈主語＋動詞〜〉

1 次の英文には誤りが1か所ずつあります。誤りを含む部分を選び，記号を○で囲みなさい。(10点×3)

(1) If it <u>will be</u> sunny, <u>let's</u> <u>go on</u> a picnic.
　　　　 ア　　　　　 イ　　 ウ

(2) You <u>look tired</u>, <u>because</u> <u>I'll</u> make dinner.
　　　 ア　　　　 イ　　 ウ

(3) When you <u>will get</u> home, please <u>send</u> <u>me</u> an E-mail.
　　　　　 ア　　　　　　　　 イ　　 ウ

2 次の日本文に合う英文になるように，＿＿＿＿＿に適切な語を書きなさい。

(10点×4)

(1) 昼食を食べる前に手を洗いなさい。

Wash your hands ＿＿＿＿＿＿ you eat lunch.

(2) もし雨なら，マイクは家にいるだろう。

＿＿＿＿＿＿ ＿＿＿＿＿＿ rainy, Mike will be at home.

(3) あなたはなぜ長野へ行くのですか。—— スキーをしたいからです。

Why do you go to Nagano? —— ＿＿＿＿＿＿ I want to ski.

(4) あなたが帰ってきたあと，料理を始めます。

＿＿＿＿＿＿ you come home, I'll start cooking.

3 次の英文を（　　）内の指示にしたがって書きかえなさい。(10点×3)

(1) Let's play tennis if you are free now. （ifを文の最初に置いて）

＿＿＿＿＿＿＿＿＿＿＿＿＿＿＿＿＿＿＿＿＿＿＿＿＿＿＿＿＿＿＿＿＿

(2) You called me. I was taking a bath then.
　　　　　　　　　（whenを文の最初に置いて，1つの文に）

＿＿＿＿＿＿＿＿＿＿＿＿＿＿＿＿＿＿＿＿＿＿＿＿＿＿＿＿＿＿＿＿＿

(3) I was tired. I went to bed early.
　　　　　　　　　（becauseを文の途中に置いて，1つの文に）

＿＿＿＿＿＿＿＿＿＿＿＿＿＿＿＿＿＿＿＿＿＿＿＿＿＿＿＿＿＿＿＿＿

1
(1)(3) if ～やwhen ～の部分では，未来のことを表すときでも現在形を使う。
(2) becauseのあとには理由が続く。

2
(3) Why ～ ?の答えの文でもbecauseを使う。

3
(1)(2) 〈If[When]＋主語＋動詞～〉の部分を文の前半に置くときは，コンマを忘れないように。

13
― 接続詞①
― when, if, because ―

65

1 次の(1)～(5)に続く文として適切なものを〔　　〕内から選び，記号で答えなさい。ただし，同じ記号は2度使えません。(5点×5)

(1) Ann was very busy,

(2) I watched TV

(3) I met Ms. Baker

(4) Kenta couldn't do his homework

(5) Mary won't get home early

〔
　ア　because he was sick in bed.
　イ　after I took a bath.
　ウ　if she is busy.
　エ　so she couldn't help her father.
　オ　when I was walking in the park.
〕

(1)		(2)		(3)		(4)		(5)	

2 次の日本文に合う英文になるように，＿＿＿＿に適切な語を書きなさい。(6点×4)

(1) 彼は試合に勝ったので幸せだった。

He was happy ＿＿＿＿＿＿ he won the match.

(2) あなたが家に来たとき，私は図書館にいた。

I was in the library ＿＿＿＿＿＿ you ＿＿＿＿＿＿ to my house.

(3) もしあなたが買い物に行くなら，私に牛乳を買ってきてくれませんか。

＿＿＿＿＿＿ you ＿＿＿＿＿＿ shopping, can you buy some milk for me?

(4) 私は，母が帰ってくる前に部屋をそうじした。

I cleaned the room ＿＿＿＿＿＿ my mother came home.

(1)		(2)	
(3)		(4)	

3 次の日本文に合う英文になるように，(　　)内の語を並べかえなさい。ただし，不要な語が1語ずつ含まれています。(6点×2)

難 (1) 私は家に着いたあと，あなたに電話しよう。I'll call you (I / get / will / home / after).

よくでる (2) 私は疲れていたので早く家に帰った。

I went back home early (I / so / was / because / tired).

(1)	I'll call you	.
(2)	I went back home early	.

4 次の対話文を読み，あとの問いに答えなさい。

Jun　　：Do you like soccer, Jenny?

Jenny：Yes.　I was a member of a soccer team　（　①　）I lived in America.

Jun　　：Oh, were you?　Are there many soccer teams in America?

Jenny：Yes.　Many children are on soccer teams.

Jun　　：Oh, soccer is popular in America.　Well, I have two tickets for a soccer game.　②（もしあなたが今夜ひまなら），why don't you come with me?

Jenny：That sounds great!　This will be my first time to watch a soccer game in a stadium.

Jun　　：You will get excited after the game ③(start).

(1) ①の（　　）に適する語を〔　　〕内から選んで書きなさい。(5点)

〔 when　　if　　because　　that 〕

(2) ②の（　　）内の日本文を英語にしなさい。(6点)

(3) ③の（　　）内の語を適する形に直しなさい。(6点)

(4) 本文の内容に合うものを選び，記号で答えなさい。(6点)

ア　Soccer isn't Jenny's favorite sport.

イ　Many children play soccer in America.

ウ　Jun will give Jenny two tickets for a soccer game because he can't go.

エ　Jenny often watches soccer games at the stadium.

(1)	
(2)	, why don't you come with me?
(3)	(4)

難 **5** 次のようなとき，英語でどのように言うか書きなさい。ただし，（　　）内の指示にしたがうこと。

(8点×2)

(1) 明日晴れたら何がしたいかを相手に質問するとき。（Whatではじめて）

(2) 相手に，おじに会いたいので広島へ行くつもりだと言うとき。（becauseを使って）

(1)	
(2)	

14 接続詞②
― that ―

STEP 1 要点チェック

テスト1週間前から確認！

1 that

「〜ということ」を表し，〈主語＋動詞〜〉を用いて think や know などの**目的語**になる。〈that＋主語＋動詞〜〉はひとまとまりと考える。

例文　I　think.　＋　Lisa will come soon.（私は思う。＋リサはすぐに来るだろう。）

I | think that | Lisa will come soon.（私はリサがすぐに来ると**思う**。）
主語1　動詞1　目的語
主語2　動詞2
that Lisa will come soon はひとまとまりで think の目的語になる。

おぼえる！　〈that＋主語＋動詞〜〉がうしろにくる動詞
believe「〜と信じる」，hear「〜と聞いている」，hope「〜と願う」，
know「〜と知っている」，say「〜と言う」，think「〜と思う」，
understand「〜と理解している」　など

よくでる　接続詞 that は省略されることが多い！
Everyone **knows** that Kei plays tennis well.
↓ knows の目的語
Everyone **knows** ＿＿＿ Kei plays tennis well.
（ケイが上手にテニスをすることはだれでも**知っている**。）

2 〈tell＋人＋that〜〉

〈S＋V＋O(人)＋O(もの)〉の O(もの)に〈that＋主語＋動詞〜〉が続く。「(人)に〜と伝える」という意味を表す。that は省略することができる。

例文　I told him the truth.（私は彼に真実を伝えた。）

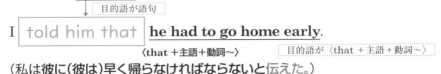

目的語が語句
I | told him that | **he had to go home early**.
〈that＋主語＋動詞〜〉　　目的語が〈that＋主語＋動詞〜〉

（私は彼に(彼は)早く帰らなければならないと伝えた。）

3 〈be 動詞＋形容詞＋that〜〉

sure「確信している」や glad「うれしい」などのあとに〈that＋主語＋動詞〜〉が続くことがある。that は省略することができる。

例文　I | am sure that | **you will win the next game**.
be 動詞　形容詞　〈that＋主語＋動詞〜〉

（私はあなたが次の試合に勝つと**確信している**。）

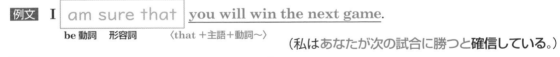

例文　We **are glad** that you came to the party.
be動詞 形容詞 〈that＋主語＋動詞〜〉

（私たちはあなたがパーティーに来て**うれしい**。）

基本問題

得点

／100点

---

1 次の日本文に合う英文になるように，_____に適切な語を書きなさい。

(10点×4)

(1) 私は彼が正しいと信じたい。

I want to _____ _____ he is right.

(2) 私はジム(Jim)が夕食を作ると聞いている。

I _____ _____ will make dinner.

(3) 残念ながら，私の妹は今，外出している。

I'm _____ _____ my sister is out now.

(4) 彼に私は今日，サッカーを練習することができないと伝えてください。

Please _____ him _____ I can't practice soccer today.

2 次の日本文に合う英文になるように，(　　)内の語句を並べかえなさい。(10点×3)

(1) 私たちは数学が大切だと理解している。

We understand (is / that / important / math).

We understand _____.

(2) 私は彼が来ることができなくて残念だ。

I'm (come / he / sorry / can't).

I'm _____.

(3) 私はエイミーにペンを持っていると言った。

I told (a pen / I / Amy / had / that).

I told _____.

3 次の日本文を，(　　)内の語を使って英語にしなさい。(10点×3)

(1) 母はいつも忙しいと言う。(say, that)

_____

(2) 私はあなたがもう一度日本に来ることを願っている。(hope)

_____

(3) 私は私の兄が有名になると確信している。(be)

_____

1
(2)空所の数からthatは省略する。
(3)「残念ながら～です」はbe afraid that ～で表す。

2
(2)〈that＋主語＋動詞～〉のthatを省略した形。

3
(1) thatのあとの主語はsheにする。

得点アップ問題

1 次の英文に接続詞のthatを入れるとき，直後にくる語を書きなさい。(4点×4)

(1) I am sure you will pass the exam.

(2) Do you think English is easy?

(3) I believe she will be a singer.

(4) We told him he had to wash the dishes.

(1)		(2)		(3)	
(4)					

2 次の日本文に合う英文になるように，_____に適切な語を書きなさい。(5点×4)

(1) 私はあなたがこの本を気に入ってくれることを願う。

I _____ _____ you will like this book.

(2) 私はあなたといっしょに夕食を楽しむことができてうれしかった。

I was _____ _____ I could enjoy dinner with you.

(3) あなたは彼がこの近くに住んでいることを知っていますか。

Do you _____ _____ lives near here?

(4) 彼が今ここにいなくて残念です。

I'm _____ _____ he isn't here now.

(1)		(2)	
(3)		(4)	

3 次の日本文に合う英文になるように，( )内の語句を並べかえなさい。(6点×2)

(1) 私はこの本が大切だと理解している。(is / understand / important / this book / I).

(2) 私は彼女に理科を勉強するべきだと言った。

(study / she / her / science / should / I / told).

(1)	.
(2)	.

4 次のエミ (Emi) とデイブ (Dave) の対話文を読み，あとの問いに答えなさい。

Emi : Aya's birthday is coming soon.

Dave : Are you going to give something to her?

Emi : Yes. I'm going to buy this scarf. ①(like / she'll / think / do / it / you)?

Dave : I think so. ②I know her favorite color is yellow.

Emi : You think I should choose the yellow ③one.

Dave : That's right. One day, when I was talking with Aya, she told me that she had many yellow things.

Emi : OK. I'll buy this yellow scarf. I hope she'll like it.

Dave : I'm sure she will.

（1）下線部①の語を並べかえて，意味の通る英文を書きなさい。(7点)

（2）下線部②の英文を日本文にしなさい。(7点)

（3）下線部③が指すものを，文中の英語 1 語で書きなさい。(6点)

（4）本文の内容に合っているものには○，そうでないものには×を書きなさい。(6点×3)

　　ア　エミの誕生日がもうすぐやってくる。

　　イ　エミはアヤにスカーフを買おうとしている。

　　ウ　デイブはアヤから黄色のものをたくさん持っていると聞いた。

(1)		?
(2)		
(3)		
(4)	ア	イ	ウ

5 次の日本文を英語にしなさい。(7点×2)

（1）あなたは彼がアメリカ出身だと知っていますか。

（2）私はあなたが遅刻して残念だ。

(1)	
(2)	

STEP 1 要点チェック

テスト1週間前から確認!

1 感嘆文

「なんて〜だろうか」と驚き,感動,残念な気持ちなどを表すときに使う。文の最後に感嘆符(!)がつく。

① 〈How＋形容詞!〉〈How＋副詞!〉で「なんて〜だろうか」という意味を表す。文の最後には感嘆符(!)を書く。How で始まっていても,文末は下げて言う。

例文　How nice! (なんとすてきだろうか。)
How 形容詞
文の最後には感嘆符（!）をつける

② 〈What a[an]＋形容詞＋単数名詞!〉〈What＋形容詞＋複数名詞!〉で「なんて〜な…だろうか」という意味を表す。文の最後には感嘆符 (!) を書く。What で始まっていても,文末は下げて言う。

例文　What a pretty cat! (なんてかわいいネコだろう。)
〈What a＋形容詞＋単数名詞〉　a がついているので単数名詞が続く。

例文　What beautiful flowers! (なんて美しい花なのだろう。)
〈What＋形容詞＋複数名詞〉　名詞は複数形

2 付加疑問

「〜ですね」「〜でないですね」と相手に確認や念押しをするときに使う〈動詞＋代名詞〉の2語の疑問形を付加疑問という。

① 肯定文に続く付加疑問…be 動詞を使った肯定文には,〈否定の短縮形（isn't など）＋代名詞?〉,一般動詞を使った肯定文には,〈否定の短縮形（don't など）＋代名詞?〉を続ける。

例文　This game is fun, isn't it ? (この試合は楽しいですね。)
肯定　　　　　コンマ　　否定の短縮形　　代名詞（主格）
主語になるときの形

② 否定文に続く付加疑問…否定文には,〈肯定形（is[do など]）＋代名詞?〉を続ける。

例文　Bob doesn't like coffee, does he ? (ボブはコーヒーが好きではないよね。)
否定　　　　　　　コンマ　肯定形　代名詞（主格）

> ミス注意!　付加疑問文の答え方に注意!
> Hana didn't come to school, did she? (ハナは学校に来なかったよね。)
> ── Yes, she did. (いいえ, 来ました。) / No, she didn't. (はい, 来ませんでした。)

③ 命令文に続く付加疑問は〈will you?〉,Let's 〜. の文に続く付加疑問は〈shall we?〉を使う。

例文　Write your name here, will you ? (ここにあなたの名前を書いてくれませんか。)
コンマ

Let's go shopping, shall we ? (買い物に行きましょうよ。)
コンマ

1 次の日本文に合う英文になるように, ＿＿＿＿に適切な語を書きなさい。

(10点×4)

(1) なんてかわいいのだろうか。

＿＿＿＿＿＿ ＿＿＿＿＿＿ !

(2) 彼は学校へ行きましたよね。

He went to school, ＿＿＿＿＿＿ ＿＿＿＿＿＿ ?

(3) なんておもしろい映画なのだろうか。

＿＿＿＿＿＿ ＿＿＿＿＿＿ interesting movie!

(4) それは私のペンではないですよね。

It isn't my pen, ＿＿＿＿＿＿ ＿＿＿＿＿＿ ?

2 次の英文に付加疑問をつけて書きなさい。(10点×3)

(1) She looks very happy.

＿＿＿＿＿＿＿＿＿＿＿＿＿＿＿＿＿＿＿＿＿＿＿＿＿＿

(2) This movie wasn't good.

＿＿＿＿＿＿＿＿＿＿＿＿＿＿＿＿＿＿＿＿＿＿＿＿＿＿

(3) Let's eat lunch here.

＿＿＿＿＿＿＿＿＿＿＿＿＿＿＿＿＿＿＿＿＿＿＿＿＿＿

3 次の日本文を,( )内の語を使って英語にしなさい。(10点×3)

(1) なんて大きいのだろうか。(big)

＿＿＿＿＿＿＿＿＿＿＿＿＿＿＿＿＿＿＿＿＿＿＿＿＿＿

(2) なんて親切な少年なのだろうか。(kind)

＿＿＿＿＿＿＿＿＿＿＿＿＿＿＿＿＿＿＿＿＿＿＿＿＿＿

(3) あなたは昨日, 私に電話しませんでしたよね。(call, did)

＿＿＿＿＿＿＿＿＿＿＿＿＿＿＿＿＿＿＿＿＿＿＿＿＿＿

1
(1) Howを使った感嘆文にする。
(3) Whatを使った感嘆文にする。

2
(1) 肯定文に続ける形を考える。
(2) 否定文に続ける形を考える。

3
(2) Whatを使った感嘆文にする。

STEP
3
得点アップ問題

テスト
3日前
から確認!

別冊解答 P.21

得点

／100点

1 次の（　　）内から適切な語句を選び，記号で答えなさい。(3点×5)

(1) You are a doctor, （ ア　aren't you　イ　are you　ウ　don't you ）?

(2) （ ア　What　イ　How　ウ　Why ） lucky!

(3) Mary didn't do her homework, （ ア　didn't she　イ　did she　ウ　wasn't she ）?

(4) （ ア　What　イ　When　ウ　How ） beautiful birds!

(5) Let's go to the park, （ ア　do we　イ　shall we　ウ　will we ）?

(1)		(2)		(3)		(4)		(5)	

2 次の日本文に合う英文になるように，＿＿＿＿に適切な語を書きなさい。(4点×4)

(1) ジャックは今，テニスをしていませんよね。

Jack isn't playing tennis now, ＿＿＿＿＿ ＿＿＿＿＿?

(2) なんて暑いのだろうか。

＿＿＿＿＿ ＿＿＿＿＿!

(3) なんて速く走るのだろうか。

＿＿＿＿＿ ＿＿＿＿＿ fast runner!

(4) あなたのお父さんは農場を持っていますよね。

Your father has a farm, ＿＿＿＿＿ ＿＿＿＿＿?

(1)		(2)	
(3)		(4)	

3 次の日本文に合う英文になるように，（　　）内の語や符号を並べかえなさい。ただし，文頭にくる語も小文字で示してあります。(6点×3)

(1) 明日，釣りに行きましょうよ。（ we / tomorrow / go / shall / fishing / let's / , ）?

(2) なんて難しい質問なのだろうか。（ question / a / difficult / what ）!

(3) あなたはそのとき，家にいませんでしたよね。

（ you / then / at / you / were / home / weren't / , ）?

(1)		?
(2)		!
(3)		?

4 次のリョウタ (Ryota) とメグ (Meg) の対話文を読み，あとの問いに答えなさい。

Ryota : What are you doing, Meg?

Meg　 : Hi, Ryota. I'm writing a birthday card for my sister, Kate.

Ryota : ①Oh, how nice! When is her birthday?

Meg　 : Next Wednesday. She will be ten.

Ryota : ②She likes playing tennis, doesn't she?

Meg　 : Yes, she does. She practices on weekends.

Ryota : Then, why don't you give her a racket?

Meg　 : ③(idea / good / what / a)! I'll buy a new racket for her birthday.

(1) 下線部①のようにリョウタが言っているのはなぜですか。理由を日本語で書きなさい。

(7点)

(2) 下線部②の英文を日本語にしなさい。(7点)

(3) 下線部③の語を並べかえて，意味の通る英文を書きなさい。(5点)

(4) 本文の内容に合うように，次の質問に英語で答えなさい。(6点×3)

(a) Is Ryota writing a birthday card?

(b) How old will Kate be?

(c) What will Meg give to Kate?

(1)	
(2)	
(3)	!
(4)	(a)
	(b)
	(c)

5 次のようなとき英語でどのように言いますか。(　　) 内の語を使って英文で書きなさい。

(7点×2)

(1) 相手に，なんてすてきな絵だろうかと伝えるとき。(nice, picture)

(2) 目の前の辞書が相手のものではないことを確認するとき。(is)

(1)	
(2)	

定期テスト予想問題

別冊解答 P.21　目標時間 **45**分　得点 ／100点

1 次の（　）内から適切な語句を選び，記号で答えなさい。(4点×4)

(1) Yui didn't give up, （ ア　isn't she　イ　does she　ウ　did she　エ　didn't she ）?

(2) Do you think （ ア　it　イ　that　ウ　about　エ　of) my idea is good?

(3) My father was sleeping （ ア　when　イ　if　ウ　because　エ　that) I got home.

(4) If you （ ア　come　イ　came　ウ　will come　エ　coming) to my town, I'll show you around.

(1)		(2)		(3)		(4)	

2 次の日本文に合う英文になるように，_____に適切な語を書きなさい。(5点×4)

(1) 私は彼が来ると確信している。
I'm _____ _____ he will come.

(2) 私はテレビを見たあと，宿題をした。
I did my homework _____ I watched TV.

(3) 彼女が戻ってくるまで待とうと思う。
I will wait _____ she _____ back.

(4) ジャックはこの映画が好きではないですよね。
Jack doesn't like this movie, _____ _____?

(1)		(2)	
(3)		(4)	

3 次の対話文が完成するように，（　）内の語句を並べかえなさい。ただし，文頭にくる語も小文字で示してあります。(8点×2)

(1) A : I went shopping with my sister last Saturday. I bought this cap.
B : (a / cap / cool / what)!
A : Yes. I think so, too.

(2) A : Do you have any plans for next Sunday?
B : No, I don't.
A : (go / shall / a movie / let's / see / we / to / ,)? I have two tickets.
B : Sounds good.

(1)	!
(2)	?

4 次の電話での対話文を読み，あとの問いに答えなさい。

Jane ：Hello.

Yumi：Hello. This is Yumi speaking. May I speak to Jane?

Jane ：Hi, Yumi. This is Jane.

Yumi：Hi, Jane. ①I hear you are sick. Are you all right?

Jane ：Yes, thank you. I don't have to be in bed, （ ② ）I must stay home for a week.

Yumi：Oh, really? What are you doing now?

Jane ：I'm reading a book. My mother bought it for me.

Yumi：That's good. ③(my notebooks / I / you / of / shall / bring) today's classes?

Jane ：Yes, please. I want to study at home.

Yumi：OK. I'll visit you with my notebooks tomorrow.

Jane ：Thank you, Yumi.

Yumi：④Will you tell me the way to your house?

Jane ：My house is in front of the post office. You will find it easily （ ⑤ ）you know the post office.

(1) 下線部①の英文に that を補う場合，どの位置が適切か。記号で答えなさい。(4点)

I ｱ hear ｲ you ｳ are ｴ sick.

(2) ②⑤の（ ）に適する語を □ から選んで書きなさい。(4点×2)

| but | so | if | before | while | when |

(3) ③の（ ）内の語句を並べかえて，意味の通る英文を書きなさい。(6点)

(4) 下線部④の英文を日本語にしなさい。(6点)

(1)		(2)	②		⑤	
(3)						today's classes?
(4)						

5 次の日本文を，（ ）内の語を使って英語にしなさい。(8点×3)

(1) もし明日晴れなら，私たちはテニスをする。(sunny)

(2) 彼は私がイヌが好きだということを知っている。(dogs)

(3) あなたは昨日，音楽を聞きませんでしたよね。(did)

(1)	
(2)	
(3)	

STEP 1 要点チェック

テスト1週間前から確認!

1 原級・比較級・最上級

原　級：形容詞や副詞のもとの形。

比較級：2つのものや人を比べて「より〜」を表す場合の形容詞や副詞の形。

最上級：3つ以上のものや人を比べて「いちばん〜」を表す場合の形容詞や副詞の形。

よくでる　比較級・最上級の作り方

形容詞・副詞	作り方	例（原級→比較級→最上級）
大部分	er, est をつける	tall → taller → tallest
語尾が e	r, st をつける	large → larger → largest
語尾が〈子音字 + y〉 └母音字以外の文字	y を i にかえて er, est をつける	easy → easier → easiest
語尾が〈短母音 + 子音字〉 └短く読まれる母音	子音字を重ねて er, est をつける	big → bigger → biggest
比較的つづりの長い語	前に more, most を置く	important → more important → most important

2 比較級の文

2つのものや人を比べて「〜よりも…」を表すときは〈比較級 + **than** 〜〉を用いる。

例文 The Nile is | longer | **than** the Shinano River. （ナイル川は信濃川よりも長い。）

Soccer is | more popular | **than** basketball.

（サッカーはバスケットボールよりも人気がある。）

おぼえる! famous, useful などのつづりの長い形容詞・副詞は, more, most をつけて比較級・最上級を表す!

3 最上級の文

3つ以上のものや人を比べて,「〜の中でいちばん…」を表すときは〈**the** +最上級+ **in[of]** 〜〉を用いる。ただし, 副詞の最上級の前には the をつけないこともある。

例文 Mt. Fuji is | the highest | mountain | in | Japan.

（富士山は日本でいちばん高い山だ。）

This question is | the most difficult of | the three.

（この問題は3問の中でいちばん難しい。）

おぼえる! in と of の使い分け

〈in +場所・範囲〉	in the world 「世界で」, in my school 「私の学校で」
〈of +複数〉	of the five 「5つの中で」, of all 「全員[全部]の中で」

STEP
2
基本問題

テスト
5日前
から確認!

別冊解答 P.22

得点

／100点

---

1 次の絵を見て，(1)(2) は「～よりも…」，(3)(4) は「～の中でいちばん…」という文を完成させなさい。(10点×4)

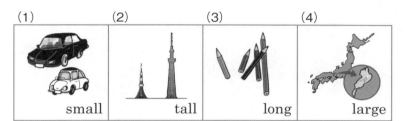

(1)　(2)　(3)　(4)

small　tall　long　large

(1) The white car is _____ _____ the black one.

(2) Tokyo Skytree is _____ _____ Tokyo Tower.

(3) The red pencil is the _____ _____ all.

(4) Lake Biwa is the _____ _____ Japan.

1
(1)(2) 2つのものを比べるので比較級で表す。
(3)(4) 3つ以上のものの中で「いちばん」を表すには最上級を用いる。

---

2 次の (　) 内の語を適切な形に直して，_____ に書きなさい。ただし，2語になる場合もあります。(10点×4)

(1) This bike is (cool) than mine.　_____

(2) I can swim (fast) than my father.　_____

(3) My sister is the (busy) in my family.　_____

(4) This team is the (popular) of all.　_____

2
(1)(2) than があるので，比較級に直す。
(3)(4) the, in[of] があるので，最上級に直す。

16
比較①

---

3 次の日本文に合う英文になるように，_____ に適切な語を書きなさい。

(10点×2)

(1) 私の髪はあなたのよりも短い。

My hair is _____ _____ _____.

(2) これはいちばん重要な試合だ。

This is _____ _____ _____ game.

3
(2) 最上級の形容詞や副詞のすぐ前には，ふつう the を置く。

得点アップ問題

1 次の（　　）内から適切な語句を選び，記号で答えなさい。(3点×4)

(1) Hokkaido is（ ア　large　イ　larger　ウ　largest ）than Kyushu.

(2) Jim is the（ ア　careful　イ　more careful　ウ　most careful ）in my family.

(3) My mother comes home（ ア　late　イ　later　ウ　latest ）than my father.

(4) Your speech was the greatest（ ア　of　イ　in　ウ　for ）all.

(1)		(2)		(3)		(4)	

2 次の日本文に合う英文になるように，_____ に適切な語を書きなさい。(5点×4)

よくでる (1) このプールはあのプールよりも深い。

This pool is _____ _____ that one.

(2) 私は以前よりも忙しい。

I'm _____ than _____.

よくでる (3) この町は日本でいちばん寒い。

This town is the _____ _____ Japan.

(4) この本が3冊の中でいちばん役に立った。

This book was _____ _____ useful of the three.

(1)		(2)	
(3)		(4)	

よくでる **3** 次の日本文に合う英文になるように，（　　）内の語を並べかえなさい。(7点×2)

(1) この本はあの本よりもやさしい。This (easier / one / that / than / is / book).

(2) これは日本最古の教会だ。This is (church / in / the / Japan / oldest).

(1)	This	.
(2)	This is	.

4 次の英文は，13歳のアヤ (Aya) が授業で行ったスピーチです。これを読み，あとの問いに答えなさい。

　　I'm going to talk about my dog, John.　He is five years old and we're good friends.

　　I get up the ①(early) in my family to walk him.　We go to the park along the river every morning.　John likes running around there.　②He can run faster than any other dog.

　　I love him because he's cute and smart.

(1) ①の (　　) 内の語を適切な形に直しなさい。(4点)

(難)(2) 下線部②とほぼ同じ内容を表すように，＿＿＿＿に適切な語を書きなさい。(6点)
　　He can run ＿＿＿＿＿＿ ＿＿＿＿＿＿ of all the dogs.

(3) AyaとJohnの年齢について，比較級を用いた5語の英語で書きなさい。(7点)

(1)		(2)	
(3)			

5 次の英文を (　　) 内の指示にしたがって書きかえなさい。(7点×3)

(1) This coat is long.（「私のよりも～」という6語の文に）

(2) This movie is exciting.（「3つの中でいちばん～」という9語の文に）

(難)(3) This is a popular restaurant.（「この町でいちばん～」という文に）

(1)	
(2)	
(3)	

6 次の日本文を英語にしなさい。(8点×2)

(1) ニュージーランド (New Zealand) は日本よりせまい。

(2) あの腕時計はこの店でいちばん高価だ。

(1)	
(2)	

1 〈as ＋原級＋ as 〜〉

① 〈as ＋原級＋ as 〜〉：2つのものや人を比べて「〜と同じくらい…」と言うときは、〈as ＋原級＋ as 〜〉の形を使う。2者の程度が同じであることを表す。

> **例文** Bob is | as old as | you.（ボブはあなたと同じくらいの年齢だ。）
> 　　　　　　原級(形容詞)

② 〈not as ＋原級＋ as 〜〉：〈**not as** ＋原級＋ **as** 〜〉は、「〜ほど…でない」という意味を表す。

> **例文** I'm **not as tall** as Ken.（私はケンほど背が高くない。）
> 　　　　　原級(形容詞)

2 形容詞・副詞の不規則変化

よくでる 不規則変化の形容詞・副詞

原級	比較級	最上級
good「よい」，well「じょうずに」	better	best
many「多くの」，much「多くの」 └数えられる名詞を修飾 └数えられない名詞を修飾	more	most
bad「悪い」	worse	worst
little「少しの」 └数えられない名詞を修飾	less	least

3 like 〜 better than ... ／ like 〜 the best

like 〜 better than ...「…よりも〜のほうが好きだ」

like 〜 the best「〜がいちばん好きだ」
　　　　　└the は省略可

> **例文** I | like | summer | better than | winter.（私は冬よりも夏のほうが好きだ。）
> 　　　　　　　　　　　　　比較級

4 疑問詞ではじまる疑問文

① 2つのものや人を比べて「〜と…ではどちらのほうが ___ ですか」とたずねるときは、〈**Which is** ＋比較級，〜 **or** ...?〉の形を使う。

> **例文** **Which is larger**, Tokyo **or** Osaka?（東京と大阪ではどちらのほうが広いですか。）
> 　　　　　　　　　比較級

② 3つ以上のものや人を比べて「〜の中でどれ[だれ]がいちばん…ですか」とたずねるときは、〈**Which[Who] is the** ＋最上級（＋ **in[of]** 〜)?〉の形を使う。

1 次の (　　) 内の語を適切な形に直して，＿＿＿＿に書きなさい。ただし，かえる必要のない場合はそのまま書くこと。(10点×4)

(1) This movie is the (good) of the three. ＿＿＿＿＿＿

(2) My father has (many) CDs than my brother. ＿＿＿＿＿＿

(3) Japanese is as (important) as English. ＿＿＿＿＿＿

(4) Which is (hot), today or yesterday? ＿＿＿＿＿＿

2 次の日本文に合う英文になるように，＿＿＿＿に適切な語を書きなさい。

(10点×4)

(1) 今日の天気は昨日より悪い。

Today's weather is ＿＿＿＿＿ ＿＿＿＿＿ yesterday's.

(2) ユカはあなたと同じくらいじょうずにピアノをひく。

Yuka plays the piano as ＿＿＿＿＿ ＿＿＿＿＿ you.

(3) 私はパンよりもごはんのほうが好きだ。

I like rice ＿＿＿＿＿ ＿＿＿＿＿ bread.

(4) あなたの家族の中でいちばん背が高いのはだれですか。

Who's ＿＿＿＿＿ ＿＿＿＿＿ in your family?

3 次の日本文に合う英文になるように，(　　) 内の語を並べかえなさい。

(10点×2)

(1) 私の自転車はあなたのほど新しくない。

My bike (not / as / as / new / yours / is).

My bike ＿＿＿＿＿＿＿＿＿＿＿＿＿＿＿＿＿＿＿＿＿.

(2) あなたはどの教科がいちばん好きですか。

Which (you / subject / like / the / do / best)?

Which ＿＿＿＿＿＿＿＿＿＿＿＿＿＿＿＿＿＿＿＿?

1
(1)(2)good, manyは不規則に変化する。

(4) 2つのものを比較するので，比較級にする。

2
(3)「…よりも〜のほうが好きだ」＝like 〜 better than …

(4) 最上級の前のtheを忘れないように。

3
(2) 疑問詞のある疑問文の語順に注意。

得点アップ問題

1 次の日本文に合う英文になるように，_____に適切な語を書きなさい。(5点×4)

(1) 私のボールはこれほど古くない。

My ball _____ as _____ as this one.

(2) これは今年いちばん悪いニュースだ。

This is _____ _____ news this year.

(3) 私は映画を見ることよりも本を読むことのほうが好きだ。

I like reading books _____ _____ watching movies.

(4) あなたはどの季節がいちばん好きですか。

Which season do you like _____ _____ ?

(1)		(2)	
(3)		(4)	

2 次の英文を（　　）内の指示にしたがって書きかえるとき，_____に適切な語を書きなさい。

(5点×2)

(1) This movie is long. (「あの映画と同じくらい〜」という文に)

This movie is as _____ _____ that one.

(2) Many people will buy things on the Internet. (「より多くの人が〜」という文に)

_____ _____ will buy things on the Internet.

(1)		(2)	

3 次の日本文に合う英文になるように，（　　）内の語を並べかえなさい。ただし，不要な語が1語ずつ含まれています。また，文頭にくる語も小文字で示してあります。(7点×2)

(1) この花はあの花ほど美しくない。

This flower (as / is / beautiful / not / more / as) that one.

(2) あなたはイヌとネコではどちらのほうが好きですか。

(you / better / which / do / than / like), dogs or cats?

(1)	This flower	that one.
(2)		, dogs or cats?

4 次の対話文を読み，あとの問いに答えなさい。

Sarah : ①Which is more popular in Japan, soccer or baseball?

Kaito : Soccer is more popular among us. But my father said before, "(②)
wasn't as popular as (③) when I was a child. Baseball was the most
popular of all sports."

Sarah : That's interesting. Which do you like better, Kaito?

Kaito : It's a difficult question. I'm a member of the baseball team, but I also like
to play soccer with my friends. ④Sarah, your favorite sport is basketball,
right?

Sarah : Yes. And I love tennis, too.

(1) 下線部①の英文を日本語にしなさい。(8点)

難 (2) ②③の（   ）に適切な語の組み合わせを選び，記号で答えなさい。(7点)

ア ② Basketball　③ soccer　　イ ② Baseball　③ soccer
ウ ② Soccer　　③ baseball　　エ ② Tennis　　③ basketball

(3) 下線部④とほぼ同じ内容を表すように，（   ）に適切な語を書きなさい。(7点)
Sarah, you（　　　　）basketball（　　　　）（　　　　）, right?

(4) 本文の内容に合うものには○，合わないものには×を書きなさい。(5点×2)

(a) Baseball is the most popular sport among Kaito and his friends now.

(b) Kaito likes soccer better than baseball.

(1)				
(2)		(3)		
(4)	(a)		(b)	

5 次の日本文を，（   ）内の語を使って英語にしなさい。(8点×3)

よく
でる (1) 今日は昨日と同じくらい暖かい。(as)

(2) 私は肉より魚のほうが好きだ。(fish, meat)

難 (3) 私たちの学校でいちばん速く走るのはだれですか。(runs)

(1)	
(2)	
(3)	

定期テスト予想問題

別冊解答 P.25

目標時間	得点
45分	／100点

1 次の（　）内から適切な語句を選び，記号で答えなさい。(6点×3)

(1) This room is (ア　large　イ　larger　ウ　the largest　エ　more) than mine.

(2) This is the clearest lake (ア　at　イ　for　ウ　in　エ　with) the world.

入試に
出る!

(3) I think this racket is (ア　well　イ　good　ウ　better　エ　the best) of all.

〈栃木県〉

(1)		(2)		(3)	

2 次の各組の英文がほぼ同じ内容を表すように，＿＿＿＿に適切な語を書きなさい。(7点×4)

よく
でる

(1) { This dog is smaller than that one.
　　 That dog is ＿＿＿＿＿ ＿＿＿＿＿ this one.

(2) { Aki is the best tennis player in her class.
　　 Aki plays tennis ＿＿＿＿＿ ＿＿＿＿＿ in her class.

(3) { Question A is easier than Question B.
　　 Question A ＿＿＿＿＿ as ＿＿＿＿＿ as Question B.

(4) { Mr. Fujita comes to school earlier than any other teacher.
　　 Mr. Fujita comes to school ＿＿＿＿＿ ＿＿＿＿＿ of all teachers.

(1)		(2)	
(3)		(4)	

難 **3** 次の英文には誤りが1か所ずつあります。誤りを直して正しい文を書きなさい。ただし，下線部はかえないこと。(8点×3)

(1) This is a fastest train of the three.

(2) This hotel isn't as more expensive as that one.

(3) Who is the most popular singer in the three?

(1)	
(2)	
(3)	

4 次のグラフや英文について，あとの質問の答えを選び，記号で答えなさい。〈神奈川県〉（10点×2）

(1)

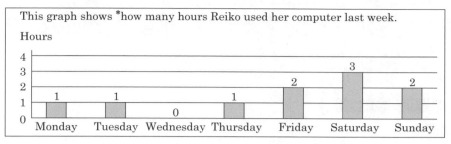

This graph shows *how many hours Reiko used her computer last week.

＊how many hours Reiko used her computer last week 「先週レイコがコンピュータを何時間使ったか」

Question : What can we say from this graph?

ア　Reiko used her computer every day last week.

イ　Reiko used her computer longer on Friday than on Monday last week.

ウ　Reiko used her computer on Tuesday as long as on Sunday last week.

エ　Reiko used her computer the longest on Wednesday last week.

(2) 　There are five *sunflowers in the picture. They are Tomoko's, Minoru's, Keiko's, Rika's, and Akio's sunflowers, and each person has one sunflower. There is only one sunflower between Rika's and Minoru's, and it is Tomoko's sunflower. Tomoko's sunflower is the tallest of the five. Minoru's sunflower is taller than Rika's but not taller than Akio's.

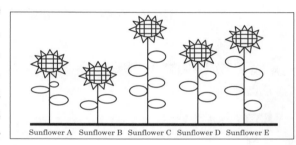

＊sunflower 「ヒマワリ」

Question : Whose sunflower is Sunflower A?

ア　Minoru's.　　イ　Keiko's.　　ウ　Rika's.　　エ　Akio's.

(1)		(2)	

5 あなた自身について次の質問に英語で答えるとき，①の（　　）に２語の，②の（　　）に３語以上の英語を書きなさい。ただし，符号は語数に含みません。〈徳島県〉（10点）

Which do you like better, the mountains or the sea?

―― I like （　①　） better because （　　②　　）.

①	
②	

STEP 1 要点チェック

テスト1週間前から確認!

1 電話の場面 おぼえる!

① 電話をかける側

例文 | May I speak to | Kevin, please?（ケビンをお願いします。）

Will you give him a message, please?（彼に伝言を伝えてくれますか。）

Can I **leave a message?**（伝言を残してもよろしいですか。）

② 電話を受ける側

例文 You have **the wrong number**.（番号がちがっています。）
　　　└「間違った，誤った」(形容詞)

May I have your name, please?（お名前をうかがってもよろしいですか。）

Hold on, please.（(電話をそのままで)お待ちください。）

Shall I **take a message?**（伝言をうかがいましょうか。）

2 買い物の場面 おぼえる!

① 店員側

例文 | May [Can] I help you? |（お手伝いしましょうか。➡ いらっしゃいませ。）

② 客側

例文 I'm **just looking.**（見ているだけです。）
　　　└May I help you? に対して使う

May I **try this on?**（これを試着してもよろしいですか。）

I'll take it.（それをいただきます[それを買います]。）

3 道案内の場面 おぼえる!

① たずねる側

例文 | How can I get to | the library?（図書館へはどうすれば行けますか。）

Could you tell me the way to the station?（駅への道を教えてくださいませんか。）
　　　└ていねいに依頼する表現

How long does it take to get to the school?（学校へはどれくらいかかりますか。）
　　　└訳さない it　　　　　　　　　　　　　　　　　　　　　　　　　└時間の長さをたずねる

② 案内する側

例文 **Go straight** this way.（この道をまっすぐ進んでください。）

| Turn right [left] | at the second light.

（2つ目の信号で右[左]に曲がってください。）

Take Bus No.5.（5番のバスに乗ってください。）

Get off at the third stop.（3つ目の駅で降りてください。）

STEP
2
基本問題

テスト
5日前
から確認!

別冊解答 P.26

得点

／100点

1 次の日本文に合う英文になるように，_____ に適切な語を書きなさい。

(10点×4)

(1) あのかさはいくらですか。

_____ _____ is that umbrella?

(2) もっと小さいものはありますか。

Do you have a _____ _____ ?

(3) 図書館へはどうすれば行けますか。

_____ can I get _____ the library?

(4) あなたの右手にその公園が見えるでしょう。

You'll see the park _____ your _____.

2 次の日本文に合う英文になるように，（　　）内の語句を並べかえなさい。ただし，文頭にくる語も小文字で示してあります。(10点×2)

(1) お名前をうかがってもよろしいですか。

(your name / I / may / have), please?

_____, please?

(2) 私に体育館への道を教えてくださいませんか。

Could (you / to / me / the way / tell) the gym?

Could _____ the gym?

3 次の電話での対話文が完成するように，①～④の（　　）に適切な語を書きなさい。(10点×4)

A : Hello. Is this Mr. Smith? （　①　） is Ken.
　　Can I （　②　） to Mary?

B : Sorry, she is out now. Shall I take a （　③　）?

A : No, thank you. I'll （　④　） her back later.

① _____　　② _____

③ _____　　④ _____

1
(2) 「もっと小さいもの」なので，small の比較級を使う。
(3) 「～へ行けるか」→「～へ着けるか，到着できるか」と考える。

2
(1) 相手の名前をたずねるていねいな表現。
(2) 〈tell ＋人＋もの〉の語順。

3
① 直後の is が手がかり。
② 電話で取り次ぎを頼む表現。

18
いろいろな場面での表現

1 次の日本文に合う英文になるように，＿＿＿＿に適切な語を書きなさい。(5点×5)

よくでる (1) 伝言を残してもよろしいですか。── もちろんです。

May I ＿＿＿＿＿ a ＿＿＿＿＿？── Sure.

よくでる (2) あとで電話をかけ直してくれますか。

Can you ＿＿＿＿＿ ＿＿＿＿＿ later?

(3) 私の家の正面に大きな木がある。

There's a big tree ＿＿＿＿＿ ＿＿＿＿＿ of my house.

(4) 次の駅で電車を乗りかえてください。

＿＿＿＿＿ ＿＿＿＿＿ at the next stop.

(5) 私はどこで降りればよいですか。

Where should I ＿＿＿＿＿ ＿＿＿＿＿？

(1)		(2)	
(3)		(4)	
(5)			

2 次の対話文が完成するように，＿＿＿に入る適切な文を選び，記号で答えなさい。(5点×5)

Clerk：May I help you?

Mary：Yes, please. ①

Clerk：How about this one?

Mary：I like the color. But this is too
expensive. ②

Clerk：Sure. Here's one.

Mary：Oh, this looks too big for me. ③

Clerk：Yes. Here you are.

Mary：This is really nice. ④

Clerk：It's 30 dollars.

Mary：OK. ⑤

ア How much is it?
イ May I try it on?
ウ I'm looking for a hat.
エ I'm just looking.
オ I'll take it.
カ Do you have a smaller one?
キ Do you have a larger one?
ク I'd like a cheaper one.

①		②		③		④		⑤	

3 次の対話文はアヤ（Aya）が地図中の★のところで女性に話しかけられたときのものです。これを読み，あとの問いに答えなさい。

Woman : Excuse me. Could (the museum / to / you / tell / the way / me)?

Aya　　: Sure. You see the white building at the second corner, don't you?

Woman : That tall building?

Aya　　: Yes. Turn right there, then you'll see the museum on your left. There is a library across from the museum.

Woman : OK. How long does it take from here?

Aya　　: Oh … I think it takes about fifteen minutes *on foot.

Woman : I see. Thank you.

Aya　　: You're welcome.

　　　　*on foot「歩いて，徒歩で」

(1) （　　）内の語句を並べかえて，意味の通る英文を書きなさい。(6点)

(2) 美術館の場所を地図中のア～オから選び，記号で答えなさい。(5点)

(3) 本文の内容に合うものには○，合わないものには×を書きなさい。(5点×3)

　(a) The woman asked Aya the way to the library.

　(b) The woman will see a library on her right from the second corner.

　(c) The woman will take a bus because the museum is not near.

(難) (4) 地図中の●のところにいます。次の質問に対する答えを英語で書きなさい。(10点)

Excuse me. How can I get to City Hall?

(1)	Could							?
(2)		(3)	(a)		(b)		(c)	
(4)								

4 次のようなとき，英語でどのように言うか書きなさい。(7点×2)

(よくでる) (1) 電話で，ロン（Ron）への取り次ぎを頼むとき。

(2) 動物園（the zoo）行きのバスはどれか質問するとき。

(1)	
(2)	

定期テスト予想問題

別冊解答 P.27

目標時間 **45**分 得点 ／100点

❶ 次の日本文に合う英文になるように, _____ に適切な語を書きなさい。(5点×4)

よく でる

(1) いらっしゃいませ。

_____ I _____ you?

(2) 2つ目の駅で降りてください。

_____ _____ at the second station.

(3) 図書館を探している。

I'm _____ _____ a library.

(4) 見ているだけだ。

I'm _____ _____.

(1)		(2)	
(3)		(4)	

❷ 次の英文を下線部が答えの中心となる疑問文に書きかえなさい。(7点×2)

(1) This T-shirt is 20 dollars.

難 (2) It takes thirty minutes to the airport by bus.

(1)	
(2)	

❸ 次の日本文に合う英文になるように, ( ) 内の語句を並べかえなさい。ただし, 文頭にくる語も小文字で示してあります。(6点×3)

(1) 番号が間違っている。(number / the / you / wrong / have).

(2) これを試着してもよろしいですか。(on / try / may / I / this)?

(3) 郵便局のところを左に曲がってください。(the post office / left / at / turn).

(1)	.
(2)	?
(3)	.

次の対話文は国際空港でのマナブ(Manabu)と入国審査官(Immigration Officer)のものです。これを読んで,①～④の ☐☐☐☐ に入る適切な文を〔　〕内から選び,記号で答えなさい。

〈沖縄県〉(6点×4)

Officer　：Hello.　Your passport, please.
Manabu　：OK.　☐ ① ☐
Officer　：Thank you.　What's the *purpose of your stay?
Manabu　：I'm going to stay with my host family in New York.
Officer　：☐ ② ☐
Manabu　：For one month.
Officer　：OK.　Are you going to visit any places?
Manabu　：Yes.　I'm going to visit *Niagara Falls.
Officer　：☐ ③ ☐ It is a very popular place.
Manabu　：I know.　And I will also visit *the Statue of Liberty.
Officer　：I see.　☐ ④ ☐
Manabu　：I will.　Thank you.

*purpose「目的」　Niagara Falls「ナイアガラの滝」　the Statue of Liberty「自由の女神像」

> ア　Enjoy your stay.
> イ　Don't go there.
> ウ　How long are you going to stay?
> エ　Here you are.
> オ　How nice!

①		②		③		④	

難 **5** 次の日本文を,(　)内の語を使って英語にしなさい。(8点×3)

(1) マナをお願いします。(may, speak)

(2) 伝言をうかがいましょうか。(take)

(3) 私に病院への行き方を教えてくださいませんか。(could, tell, way)

(1)	
(2)	
(3)	

STEP 1 要点チェック

テスト
1週間前
から確認!

1 受け身の文 おぼえる!

① 「～される，～されている」という受け身の意味を表すには，動詞を〈be 動詞＋過去分詞〉
の形にする。

例文　People speak English in this country. （この国では人々は英語を話す。）
　　　　　└受動態ともいう　「～する，～している」という意味の文を能動態という

　　　　English │ is spoken │ in this country. （この国では英語が話されている。）
　　　　　　　　　受け身形〈be 動詞＋過去分詞〉

おぼえる! 過去分詞の作り方

動詞	例 （原形→過去形→過去分詞）	
規則動詞 過去形と同じつづり	clean → cleaned → **cleaned** use → used → **used**	play → played → **played** study → studied → **studied**
不規則動詞 不規則に変化する	build → built → (built) speak → spoke → (spoken) sing → sang → (sung)	make → made → (made) take → took → (taken) give → gave → (given)

ミス注意! **be** 動詞は主語によって使い分ける!
　× These books is **read** around the world.
　　　　　　　　　過去分詞
　○ These books **are read** around the world. （これらの本は世界中で読まれている。）
　　　主語は複数──── 過去分詞

② 「～によって」と動作主を表すときは，**過去分詞のあとに by ～** を置いて示す。

例文　My mother uses this room. （私の母はこの部屋を使う。）

　　　This room **is used** by my mother. （この部屋は私の母によって**使われる**。）
　　　　　　　　〈be動詞＋過去分詞〉

③ 過去の受け身「～された，～されていた」を表すときは，be 動詞を過去形にして〈**was**[**were**]
　＋過去分詞〉で表す。

例文　Cars **are made** in this factory. （この工場では車が作られる。）
　　　　　　現在形

　　　Cars │ were made │ in this factory before. （この工場では以前，車が作られた。）
　　　　　　過去形

1 次の（　）内の語を適切な形に直して，＿＿＿に書きなさい。

(10点×4)

(1) Dinner is (cook) by my father on Sunday. ＿＿＿＿＿

(2) Japanese is (study) in many countries. ＿＿＿＿＿

(3) This picture was (take) a few years ago. ＿＿＿＿＿

(4) Many hotels were (build) along the beach. ＿＿＿＿＿

2 次の日本文に合う英文になるように，＿＿＿に適切な語を書きなさい。

(10点×4)

(1) この村ではきれいな水が必要とされている。

Clean water ＿＿＿＿＿ ＿＿＿＿＿ in this village.

(2) その店ではたくさんのおもちゃが売られている。

Many toys ＿＿＿＿＿ ＿＿＿＿＿ at the shop.

(3) この映画は日本で知られている。

This movie ＿＿＿＿＿ ＿＿＿＿＿ in Japan.

(4) これらの魚はトムによって捕まえられた。

These fish ＿＿＿＿＿ ＿＿＿＿＿ by Tom.

3 次の日本文に合う英文になるように，（　）内の語句を並べかえなさい。(10点×2)

(1) この国ではスペイン語が話されている。

(this country / spoken / Spanish / in / is).

＿＿＿＿＿＿＿＿＿＿＿＿＿＿＿＿＿＿＿＿＿＿＿＿.

(2) この写真はカナダで撮られた。

(in / this picture / Canada / was / taken).

＿＿＿＿＿＿＿＿＿＿＿＿＿＿＿＿＿＿＿＿＿＿＿＿.

1
受け身の文は動詞を過去分詞に直す。

3
(1)(2)〈主語＋be動詞＋過去分詞～.〉で表す。

19 受け身① ─現在形・過去形─

95

別冊解答 P.28

得点

／100点

1 下線部に注意して，次の英文を日本語にしなさい。(6点×2)

(1) I <u>was asking</u> my teacher a lot of questions then.

(2) I <u>was asked</u> a lot of questions by my teacher.

(1)	
(2)	

2 次の英文を（　　）内の指示にしたがって書きかえなさい。(6点×3)

(1) Our car is washed <u>every Saturday</u>.（下線部をyesterdayにかえて）

(2) French is taught at this school.（過去の文に）

(3) <u>A computer</u> was made here.（下線部をMany computersにかえて）

(1)	
(2)	
(3)	

3 次の日本文に合う英文になるように，（　　）内の語句を並べかえなさい。ただし，文頭にくる語も小文字で示してあります。(6点×3)

(1) この本は世界中で読まれている。(all / book / read / this / is) over the world.

よく
でる (2) このスピーチは2日前に書かれた。(ago / written / two days / this speech / was).

(3) この国では英語が話されている。(is / in / English / spoken / this country).

(1)	over the world.
(2)	.
(3)	.

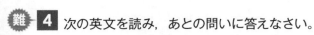

難 **4** 次の英文を読み，あとの問いに答えなさい。

　　Many kinds of cakes are ①(make) for Christmas around the world.　The English Christmas cake is a kind of fruit cake.　It is ②(call) Christmas *pudding.　It is black and *hard, so it looks different from Japanese pudding.

　　Most families make the *original Christmas pudding.　They need more than three days to make the pudding and they can keep it about a year.　③They usually put a small *coin into the pudding.　If you find the coin in your *piece of pudding, you will be a *lucky person next year.　Some families put a *ring into the pudding.　A ring in the pudding is a sign of an early *marriage.

　　　　*pudding「プディング，プリン」 hard「固い」 original「独自の」 coin「コイン」
　　　　(a) piece of ～「1切れの～」 lucky「幸運な」 ring「指輪」 marriage「結婚」

(1) ①②の（　　　）内の語を適切な形に直しなさい。(5点×2)

(2) 下線部③を受け身の文に書きかえなさい。(7点)

(3) 本文の内容に合うように，次の質問に英語で答えなさい。(7点×2)

　(a) How is the English Christmas pudding?

　(b) If you make Christmas pudding, will you be lucky next year?

(1)	①		②	
(2)				
(3)	(a)			
	(b)			

5 次の日本文を英語にしなさい。(7点×3)

(1) その門は8時に開けられる。

(2) このホテルは100年前に建てられた。

(3) あの公園ではたくさんの花が見られる。

(1)	
(2)	
(3)	

19 受け身① ―現在形・過去形―

STEP 1 要点チェック

テスト1週間前から確認!

1 受け身の否定文

① 意味:「〜されていない」,「〜されなかった」

② 基本形:受け身の否定文の作り方…be 動詞のあとに否定の not を置く。not が be 動詞と過去分詞の間にはさまれる形となる。

例文 The house **is not sold** . (その家は売られていない。)

Those pens **are not used** by her. (それらのペンは彼女に使われていない。)
└複数　　　　　　　　└be 動詞＋過去分詞

Ian **was not** **interested** in the story. (イアンはその物語に興味をひかれなかった。)
└was not の短縮形は wasn't。were not のときは weren't

2 受け身の疑問文

① 意味:「〜されていますか」,「〜されましたか」

② 基本形:受け身の疑問文の作り方…主語の前に be 動詞を置く。

おぼえる! 〈be 動詞＋主語＋過去分詞〜?〉の形。
└疑問文の終わりには?をつける

例文 Are they used by Tom? (それらはトムに使われているのですか。)

Were you born in 1997? (あなたは 1997 年生まれなのですか。)

③ 受け身の疑問文への答え方:〈**Yes,** 主語＋ **be 動詞** .〉,〈**No,** 主語＋ **be 動詞** ＋ **not**.〉で答える。答えるときは be 動詞の時制に気をつけよう。

Was the photo taken by Tom? (その写真はトムに撮られたのですか。)
↓└時制は過去

Yes, it was . / **No,** it wasn't . It was taken by Jane. (はい,そうです。
　　　過去形　　　　　　　過去形　　　　　　　　　／いいえ,ちがいます。ジェーンに撮られました。)

④ 受け身の疑問詞疑問文:疑問詞を先頭に置き,〈be 動詞＋主語＋過去分詞〉と続ける。
└疑問詞ではじまる疑問文

例文 **How** was it broken? (それはどうやって壊されたのだろう。)

What is this made of? (これは何でできているのですか。)

3 助動詞のある受け身

① 意味:「〜されるだろう」,「〜される(予定だ)」,「〜されることができる」

② 基本形:「〜されるだろう」,「〜される(予定だ)」は〈主語＋ **will be** ＋過去分詞〉,「〜されることができる」は〈主語＋ **can be** ＋過去分詞〉で表す。否定文にするときは,助動詞 will や can のあとに not を置く。

例文 The festival will be held in November. (お祭りは 11 月に開かれる。)

Many stars **can be seen** from here. (ここではたくさんの星が見える。)

1 次の英文を( )内の指示にしたがって書きかえなさい。

(1) The computer was bought by her. (否定文に) (10点)

_____

(2) Many pens were used by Tom. (疑問文に) (15点)

_____

(3) Sally is invited to the party. (未来形に) (15点)

_____

(4) Jane will see the photo. (the photo を主語にした受け身の文に)

(15点)

_____

2 次の日本文に合う英文になるように, ( )内の語句を並べかえて英文を完成させなさい。ただし, 文頭にくる語も小文字で示してあります。

(15点×3)

(1) その家々は木でできているのではなかった。
(not / the houses / made / were) of wood.

_____ of wood.

(2) それらの写真はどうやって見つけられたのですか。
(were / those photos / how) found?

_____ found?

(3) 赤ちゃんは10月に生まれる予定である。
The baby (in / be / born / will) October.

The baby _____ October.

1
(2) 受け身の文のbe動詞と主語を入れかえると疑問文の語順になる。
(3) 未来形のwillのあとの動詞は必ず原形となる。そのため, 主語が単数でも複数でも同じbeを用いる。
(4) 受け身の文にはbe動詞が必要になる。未来形の場合, willのあとなので原形のbeを使う。

2
(2) 疑問詞で始まる受け身の疑問文は〈疑問詞＋be動詞＋主語＋過去分詞～?〉の語順にする。

20
｜受け身②　否定文・疑問文・助動詞のある受け身｜

1 次の日本文に合う英文になるように，（　）内から適する語句を選び，その記号を答えなさい。(6点×5)

(1) 最初イアンはその本に感銘を受けなかった。
Ian（ ア was not impressed　イ is impressed not　ウ not was impressed ）by the book at first.

(2) そのいすがタロウによって売られることはなかった。
The chair（ ア will be sold　イ not sold　ウ wasn't sold ）by Taro.

(3) いつか彼はそれに興味を持つ日が来るのだろうか。
Will he（ ア be interested　イ have interested　ウ is interested ）in it someday?

(4) それらは木だけで作られたのですか。
（ ア Was they made　イ Were they made　ウ Was them made ）of only wood?

(5) この機械によって何を作ることができますか。
（ ア What can　イ Can what　ウ How can ）be made by this machine?

(1)		(2)		(3)	
(4)		(5)			

2 次の日本文に合う英文になるように，＿＿＿＿に適切な語を書きなさい。(6点×5)

(1) そのホテルが閉館したのはいつだったのですか。
＿＿＿＿ ＿＿＿＿ the hotel closed?

(2) そのお祭りは今日は開催されていない。
The festival is ＿＿＿＿ ＿＿＿＿ today.

(3) それは日本製ですか。
＿＿＿＿ ＿＿＿＿ made in Japan?

(4) その音楽家たちはこの町に招かれなかった。
The musicians ＿＿＿＿ ＿＿＿＿ invited to this town.

(5) これらの魚は食べられる。

These fish can _____ _____.

(1)		(2)	
(3)		(4)	
(5)			

3 次の各組の英文がほぼ同じ内容を表すように, _____ に適切な語を書きなさい。(6点×5)

(1) { Does everybody love her?

_____ she _____ by everybody?

(2) { They will close the door at seven.

The door _____ _____ closed at seven.

(3) { You cannot touch the statue.

The statue _____ _____ _____ .

(4) { What did Tom give him?

_____ was _____ given by Tom?

(5) { Nobody saw Ms. Watanabe at night.

Ms. Watanabe _____ not _____ by anybody at night.

(1)	
(2)	
(3)	
(4)	
(5)	

4 「この写真はジェーンによって撮られたのですか。」とたずねるとき, 英語でどのように言いますか。クエスチョンマーク (?) をのぞいて6語の英文で答えなさい。(10点)

定期テスト予想問題

別冊解答 P.30 ｜ 目標時間 **45**分 ｜ 得点 ／100点

1 次の各組の文がほぼ同じ内容を表すように，_____ に適切な語を書きなさい。(8点×5)

(1) ｛ He sold the house.
｛ The house _____ _____ by him.

(2) ｛ Erika didn't paint the poster.
｛ The poster _____ not _____ by Erika.

(3) ｛ He won't write the book in English.
｛ The book will _____ _____ _____ in English by him.

(4) ｛ Did the king build the castle?
｛ _____ the castle _____ by the king?

(5) ｛ What did Tom tell you?
｛ What _____ you _____ _____ Tom?

(1)			
(2)			
(3)			
(4)			
(5)			

入試に出る! 2 次の対話文の ☐ に入る最も適当な英語を，下のア～エの内から1つ選び，その記号を書きなさい。〈岩手県〉(10点)

A：Who is the tall man in this old picture?
B：He is my grandfather.
A：When was it ☐ ?
B：About 30 years ago.

ア take　イ taken　ウ taking　エ to take

☐

❸ 次の日本文に合う英文を選び，記号で答えなさい。(8点×3)

(1) あなたの国では英語は話されていますか。

 ア Is English spoken in your country?

 イ In your country, English was spoken?

 ウ Does your country speak English?

(2) 私はその事実 (the fact) に驚いた。

 ア I was surprised on the fact.

 イ I was shocked at the fact.

 ウ I was encouraged with the fact.

(3) この歌は英語では何と呼ばれていますか。

 ア How was this song called in English?

 イ What will this song be called in English?

 ウ What is this song called in English?

(1)		(2)		(3)	

❹ 次の対話文を読み，あとの問いに答えなさい。

（京都にて）

A：This is *Rokuon-ji.* ①It is also known (ア as　イ to　ウ with) *Kinkaku-ji.*

B：②(it / was / when / built / be)?

A：③それは14世紀後半 (the late 14th century) に建てられました。

(1) 下線部①が「それはまた金閣寺としても知られている。」という意味になるように，(　　) の中から適切な語を選んで記号で答えなさい。(8点)

(2) 下線部②が「それはいつ建てられたのですか。」という意味になるように，(　　) 内の語を並べかえなさい。ただし，不要な語が1語含まれています。また，文頭にくる語も小文字で示してあります。(9点)

(3) 下線部③を受け身を使った英文にしなさい。(9点)

(1)	
(2)	?
(3)	

不規則動詞の変化表

原形	主な意味	現在形	過去形	過去分詞
be	～である	am / is / are	was / were	been
break	壊す	break(s)	broke	broken
bring	～を持ってくる	bring(s)	brought	brought
build	～を建てる	build(s)	built	built
buy	～を買う	buy(s)	bought	bought
come	来る	come(s)	came	come
do	～する	do(es)	did	done
eat	～を食べる	eat(s)	ate	eaten
find	～を見つける	find(s)	found	found
get	～を手に入れる	get(s)	got	got / gotten
give	～を与える	give(s)	gave	given
go	行く	go(es)	went	gone
have	～を持っている，食べる	have(has)	had	had
hear	～を聞く	hear(s)	heard	heard
know	～を知っている	know(s)	knew	known
leave	～を去る，出発する	leave(s)	left	left
make	～を作る	make(s)	made	made
meet	～に会う	meet(s)	met	met
read	～を読む	read(s)	read [red]	read [red]
run	走る	run(s)	ran	run
say	～を言う	say(s)	said	said
see	～を見る，～に会う	see(s)	saw	seen
sell	～を売る	sell(s)	sold	sold
send	～を送る	send(s)	sent	sent
sing	歌う	sing(s)	sang	sung
speak	～を話す	speak(s)	spoke	spoken
take	～をとる	take(s)	took	taken
teach	～を教える	teach(es)	taught	taught
think	考える	think(s)	thought	thought
write	～を書く	write(s)	wrote	written

1 be 動詞の過去形，過去進行形

STEP2 基本問題　　　　　　　　　　　　本冊 P.7

1　(1) was　　(2) Were
　　(3) was　　(4) playing

2　(1) were　　(2) Was，wasn't
　　(3) Was，studying

3　(1) My mother was in my room.
　　(2) We weren't cooking then.
　　(3) Who was cleaning this room?

解説

1　(1) 主語は I なので was を選ぶ。

ミス注意！
文の終わりに注目して時を確認しよう！
× I am on the baseball team **last year**.
○ I was on the baseball team **last year**.
（私は昨年，野球チームにいた。）

　(2) you に合わせて Were を選ぶ。
　(3) 過去進行形「～していた」は〈主語＋ was[were]＋動詞の ing 形 ～.〉で表す。主語が3人称単数なので，be 動詞は was にする。
　(4) 直前に weren't があることから，過去進行形の否定文だとわかる。

2　(1) 主語の These dogs は複数なので，were。
　(2) 主語の this book は単数なので，was。答えの文の空所は1つなので，was not の短縮形 wasn't とする。
　(3) 過去進行形の疑問文は〈Was[Were]＋主語＋動詞の ing 形 ～?〉で表す。主語が3人称単数なので，be 動詞は was にする。study はそのまま ing をつける。

3　(1) 主語 My mother のあとに be 動詞の was を置く。「～にいた」と存在を表すので，was のうしろに場所を表す語句 in my room を続ける。
　(2) 否定文なので，〈**主語＋ wasn't[weren't]＋動詞の ing 形～.**〉の順にする。
　(3) who「だれが」を主語にする。疑問文は3人称単数扱いなので，was cleaning で受ける。クエスチョン・マーク(?)を書き忘れないように注意。

ミス注意！
疑問詞が主語の疑問文の語順に注意！
× Was **who** cleaning this room?
○ **Who** was cleaning this room?
〈疑問詞（＝主語）＋過去進行形～?〉の語順になる。

STEP3 得点アップ問題　　　　　　　　　本冊 P.8

1　(1) イ　(2) ウ　(3) ウ　(4) ウ　(5) イ

2　(1) was　　(2) was，not　　(3) was，taking
　　(4) What，was

3　(1) We were happy last night.
　　(2) Were you and Maki good friends?
　　(3) What was Ken doing?

4　(1) (He and) I were in the same class(.)
　　(2) Where was Ryo sitting in (the classroom?)

5　(1) 昨日の10時ごろ[あなたがユキとビルを(公園で)見かけたとき]，彼らは何をしていましたか。
　　(2) running
　　(3) He was painting (a picture) then.
　　(4) (a)×　　(b)○

6　例：Mike was playing the guitar (at four (o'clock) yesterday). / Ann was singing (a song). / Maya and Judy were talking. / Kenta was playing[practicing] soccer. / Sayaka was reading a book.　など

解説

1　(1) last summer から過去の文。主語 This movie に合わせて**イ**の was を選ぶ。
　(2) 過去進行形は〈was[were]＋動詞の ing 形〉で表すので，**ウ**の walking を選ぶ。
　(3) busy は形容詞なので，**ウ**の Were を使う。did は一般動詞とともに用いる。
　(4) 過去進行形の否定文は〈was[were] not ＋動詞の ing 形〉で表すので，was not の短縮形の**ウ**の wasn't を選ぶ。
　(5) Who は3人称単数扱いなので，**イ**の was を選ぶ。

2　(1) 主語が3人称単数なので，be 動詞は was にする。
　(2) be 動詞の過去形の否定文は was，were のあとに not を置く。主語が3人称単数なので，be 動詞は was にする。
　(3) 過去進行形の文なので，〈was[were]＋動詞の ing 形〉の形にする。be 動詞は was，take は e をとって ing をつける。
　(4) 疑問詞 what を文の最初に置き，過去進行形の疑問文の形を続ける。

3　(1) 主語が複数形なので be 動詞は were。
　(2) be 動詞の疑問文は was，were を主語の前に出す。
　(3) 動詞まで下線があるので，具体的な行動をたずねる文にする。疑問詞 what を文の最初に置き，was を使って過去進行形の疑問文を続ける。「ケンは何をしていましたか。」

1

4 (2)「どこに」から，疑問詞 where ではじめ，そのあとは〈was ＋主語＋動詞の ing 形 〜?〉を続ける。日本文「座っていた」から sit の ing 形を補う。**sit は語尾の t を重ねて ing をつける → sitting**

5 (1) then は 1 行目の around ten yesterday（昨日の 10 時ごろ）を受けている。
(2) **run は語尾の n を重ねて ing をつける。**

■ミス注意！
run の ing 形に気をつけよう！
× runing　○ running

(3)「描いていた」から，過去進行形の文だと考える。主語は「彼は」で he，「(絵を)描いていた」は was painting (a picture) とする。
(4) (a)本文 1 行目を参照。ユキとビルに会ったのはトム。
(b)本文 3 行目を参照。

6 昨日の 4 時に進行中だった動作を表すので，過去進行形を使う。〈主語＋ was[were]＋動詞の ing 形 〜.〉で表す。時を表す語句の at four (o'clock) yesterday は省略してもよい。解答例の Maya and Judy were talking. は，Maya was talking with Judy. または Judy was talking with Maya. としてもよい。主語が単数か複数かによって，was と were を使い分けること。
例：「マイクは(昨日の 4 時に)ギターをひいていた。」/「アンは(歌を)歌っていた。」/「マヤとジュディは話をしていた。」/「ケンタはサッカーをして[練習して]いた。」/「サヤカは本を読んでいた。」

全訳

5 トム：ぼくは昨日の 10 時ごろ公園へ行ったよ。そこでユキとビルを見かけた。
エリ：そのとき彼らは何をしていたの？
トム：ユキはイヌといっしょに走っていたよ。
エリ：彼女のイヌをとてもよく知っているわ。ビルは？
トム：彼はそのとき絵を描いていた。彼の絵はすてきだったよ。

2 未来を表す表現 — be going to 〜, will —

STEP 2 基本問題　　　　　本冊 P.11

1 (1) going　(2) like　(3) Is
2 (1) won't, study　(2) Yes, will
　　(3) I'm, going　(4) isn't, going
　　(5) How, will
3 (1) I'll help you.
　　(2) What are you going to do today?

解説

1 (1) 直後に to see が続くので，be going to 〜の文だとわかる。go に ing をつける。
(2) **will のあとの動詞は必ず原形。**

■ミス注意！
will のうしろの動詞は原形。(e)s はつけない！
× Hiroshi **will** likes this cap.
○ Hiroshi **will** like this cap.

(3) 主語の Kyoko にあわせて Is とする。

2 (1) 否定文は will のあとに not を置く。空所の数から **will not の短縮形 won't** とする。
(2) Will you 〜?「あなたは〜するつもりですか」には，will を使って答える。
(3) 空所の数から I am の短縮形 I'm を使う。

■ミス注意！
あとの動詞の形で判断しよう！
× I will **to buy** that CD next Monday.
　(will のうしろは原形。to はつかない)
○ I'm going **to buy** that CD next Monday.

(4) is のあとに not を置く。空所の数から is not の短縮形 isn't とする。
(5) How のあとは，〈will ＋主語＋動詞の原形 〜?〉の形。

3 (1) I'll(I will) を使って「私があなたを手伝いましょう」と申し出る文を作る。「手伝う」＝ help
(2) 今日のこれからの予定をたずねる文で，going の使用が指定されているので，be going to を用いる。疑問詞 What のあとは，〈be 動詞＋主語＋ going to ＋動詞の原形 〜?〉の形にする。

STEP 3 得点アップ問題　　　　　本冊 P.12

1 (1) イ　(2) ウ　(3) ア　(4) ウ
　　(5) ウ　(6) ア
2 (1) will, be[become]　(2) not, rain
　　(3) I'll, leave　(4) going, to
3 (1) We're not going to play baseball (tomorrow.)
　　(2) Will you send an E-mail to Lisa (this evening?)
4 (1) Yes, is　(2) play, tennis
　　(3) Next[On], Thursday　(4) go, Kobe
5 (1) ① Do　③ will
　　(2) I'm going to go to the zoo (with my family.)
　　(3) 日，10，駅
6 例：I'm going to practice soccer (tomorrow). / I'm going to learn cooking (tomorrow). / I'll play the flute (tomorrow).　など

解説

1 (1) Ken and I は複数なので are で受ける。

■ミス注意！
× **Ken and I** am going to practice tennis together.
○ **Ken and I** are going to practice tennis together.
(2) 主語が you で，すぐあとに動詞の原形 go があるので，Will が適切。
(3) be going to のあとにくる動詞は原形。

ミス注意！

主語が3人称単数でも，(e)sはつけない！
× She**'s going to** <u>calls</u> Ken this afternoon.
○ She**'s going to** <u>call</u> Ken this afternoon.

(4) Will ～? の疑問文には will で答える。
(5) going の直後なので，〈to + 動詞の原形〉が適切。
(6) going to があるので，are が適切。

2 (1)「～だろう」と未来のことを予想していることと，空所の数から，will のあとに be または become（～になる）を置く。

ミス注意！

will のあとは動詞の原形！
× Rika **will** <u>is</u> a soccer player in the future.
○ Rika **will** <u>be</u> a soccer player in the future.
be は am，are，is の原形。

(2)「降らないだろう」は未来を予想する否定文。It's のあとに not を置く。「雨が降る」=（it を主語にして）rain
(3) 空所の数から I will の短縮形 I'll を使う。「家を出る」= leave home
(4) 文頭の How long と are から，be going to ～ を用いた疑問文だと考える。

3 (1)「～するつもりはない」と，going, to から，be going to の否定文だと考える。
(2)「送りますか」と will から，未来の内容についての疑問文と考え，〈Will + 主語 + 動詞の原形 ～?〉の形にする。

4 曜日ごとの予定をとりちがえないように注意。
(1)「マリは来週の月曜日にピアノのレッスンを受ける予定ですか。」—「はい，その予定です。」
(2)「マリは来週の水曜日に何をする予定ですか。」—「彼女はテニスをする予定です。」
(3)「マリはいつ塾に行く予定ですか。」—「来週の木曜日です[木曜日にです]。」
(4)「マリは土曜日にどこに行く予定ですか。」—「彼女は神戸に行く予定です。」

5 (1) ①ジュディが No, I don't. と答えているので，Do を使った疑問文だと考える。「あなたは今度の日曜日の予定が何かありますか。」
③今度の日曜日の待ち合わせの場所をたずねている場面なので，未来を表す will が適切。
(2) ケンがまずジュディの予定を聞き，ジュディの答えを聞いたあとの発言であることと，直後に「いっしょに行くか」とたずねていることから，ケン自身の予定を述べていると考える。to, I'm, going から〈主語 + be動詞 + going to + 動詞の原形 ～.〉の形にする。

ミス注意！

× I'm go to going to the zoo with my family.
○ I'm going to go to the zoo with my family.
〈be going to + 動詞の原形（= go）〉と考えよう。

(3) 本文1行目の next Sunday，6行目の at the station, at ten o'clock を参照。

6 明日の予定なので，I'm[I am] going to ～ . または I'll[I will] ～ . の文で表す。それぞれあとに続く動詞は原形にすること。tomorrow はふつう，文の終わりに置く。
例：「私は（明日）サッカーを練習するつもりだ。」/「私

は（明日）料理を習うつもりだ。」/「私は（明日）フルーツをふくつもりだ。」

全訳

5 ケン：今度の日曜日の予定は何かある？
ジュディ：ううん，ないわ。
ケン：家族と動物園に行く予定なんだ。いっしょに来る？
ジュディ：もちろん。どこで待ち合わせをするの？
ケン：10時に駅で会おうよ。
ジュディ：いいわ。待ちきれないわ！

1～2のまとめ
定期テスト予想問題　本冊 P.14

1 (1) ウ　(2) ア　(3) エ　(4) ク
　　(5) イ　(6) オ
2 (1) ア　(2) エ　(3) エ
3 (1) This plan won't be easy(.)
　　(2) (He) wasn't using this desk at (that time.)
　　(3) Where were you eating lunch(?)
4 (1) I didn't[did not] see it under the table then.
　　(2) ②イ　③ウ
　　(3) (a) She found a handkerchief (there).
　　　　(b) He was looking for his sister's[Ann's] handkerchief (then).
5 (1) 例：What are you going to do(?)
　　(2) (But) I'll[I will] be late

解説

1 (1) うしろの going to から，be going to ～ の一部だと考える。主語の Sayo に合わせたウ is が適切。
(2) 過去進行形の疑問文に答えるには，主語の I に合わせたア was が適切。
(3) going to とあるので，be going to ～ の疑問文の形にする。主語が you なので，be動詞はエ are が適切。
(4) うしろに動詞の原形 be が続いているので，助動詞のク will が適切。
(5)〈疑問詞 + ( ) + you + 過去を表す語句（yesterday morning「昨日の朝」）〉なので，be動詞の過去形のイ were が適切。
(6) 助動詞 will の疑問文なので，うしろには動詞の原形のオ do「～をする」が適切。

2 (1) next week「来週」とあるので，未来の文にする。助動詞 will のあとは動詞の原形が続く。
(2) 文末に then があるので，過去進行形の文。主語の Mike and I に合わせてエ were を選ぶ。
(3) playing と at ten yesterday があることから過去進行形の否定文の形にする。エ wasn't が適切。

3 (1) won't は will not の短縮形。is を原形 be にかえて，won't be easy とする。
(2)「そのとき～使っていなかった」から，過去進行

3

形の否定文。〈主語 + wasn't + 動詞の ing 形 〜 .〉の形にする。use は e をとって ing をつけ，using とする。

(3) 疑問詞 where からはじめて，過去進行形の疑問文の形を続ける。

4 (1) 一般動詞の過去の文を否定文にかえる。I のあとに didn't を置き，動詞 saw を原形の see にする。
(2) ②次の段落の最初の文で，ケンはアンディに電話している。このことから，直前のケンの言葉として適切なのは，**イ**の「アンディに聞いてみるよ。」となる。
③第 2 段落のアンディの発言 "my sister, Ann's" を参照。アンディの妹［姉］のハンカチだったので，ハンカチはアンディのものではないと考えるケンのお母さんの意見は結果的に正しかったことがわかる。「これはアンディのではないわよね？」に対してのケンの言葉としては，**ウ**「お母さんの言うとおりさ。」が自然。**ア**「私はそう言った。」，**エ**「それは気の毒に。」
(3) (a) 第 1 段落第 4 文を参照。「ケンのお母さんはテーブルの下に何を見つけましたか。」→「彼女は（そこで）ハンカチを見つけた。」 (b) 第 2 段落のアンディの発言を参照。「ケンはパーティーのあと，アンディに電話をした。そのときアンディは何を探していましたか。」→「彼は妹［姉／アン］のハンカチを探していた。」

5 (1) A の 2 番目の発言を参照して，be going to 〜を使って質問文を考える。「あなたたちは何をするつもりですか。」
(2)「遅れるでしょう」から未来の文。I'll［I will］のあとに「遅れる」= be late を続ければよい。

全訳

4 昨日はケンの誕生日だった。アンディ，ヒデキ，アキコ，ユカがケンの家に来た。彼らは昼食を食べ，彼の誕生日パーティーを楽しんだ。パーティーのあと，ケンのお母さんはテーブルの下にハンカチを見つけ，「これはアキコさんの？」と言った。それには A の文字が書かれているのが見えた。「アキコは 4 時ごろ家に帰ったよ。そのあとトランプをしたんだ。そのときはテーブルの下になかったよ。それはアンディのだよ」とケンは言った。「そうかしら？」と彼のお母さんは言った。彼は「わかった。アンディに聞いてみるよ」と言った。
ケンはアンディに電話をした。アンディは「ぼくはそれを探していたんだ…。ありがとう，ケン」と答えた。「ああ，これはきみの？」とケンはたずねた。「うん，ぼくのだ…，いや，妹［姉］のアンのだよ。今朝，彼女から借りたんだ」とアンディは言った。「なるほどね。明日，学校に持って行くよ」とケンは言った。「ありがとう。じゃあね」とアンディは言った。
ケンのお母さんは「これはアンディのではないわよね？」と言った。ケンはほほ笑みながら，「お母さんの言うとおりさ」と言った。

5 A：私は明日の朝，友達とボランティア活動をする予定です。
B：(例)あなたたちは何をするつもりですか。

A：私たちは浜辺を清掃する予定です。あなたは来られますか。私たちは 10 時にはじめるつもりです。
B：きっと行きます。でも，遅れるでしょう，なぜなら私は宿題を終えなければならないからです。

3 不定詞① ─ 名詞的用法 ─

1 (1) ウ　　(2) ア　　(3) イ
2 (1) Chris likes to play baseball.
(2) I want to be[become] a good dancer.
(3) What does Koji need to do?
(4) To read books is interesting.
3 (1) ケンは写真を撮るのが［撮ることが］好きだ。
(2) 私の姉［妹］の職業［仕事］はピアノをひくことだ。
(3) 英語を話すことは難しくない。

解 説

1 (1)「〜することが好きだ」=〈like to +動詞の原形〉
(2)〈to +動詞の原形〉が主語になるときは 3 人称単数扱いになる。
(3)「〜したい」=〈want to +動詞の原形〉

2 (1)「クリスは野球をする。」→「クリスは野球をするのが好きだ。」の書きかえ。動詞の like「好きだ」のあとは目的語になる名詞的用法の不定詞になるので，to のうしろは動詞の原形 play となる。
(2)「〜になりたい」は want to be[become]〜で表す。

─**ミス注意！**─────────────────
want to のあとは動詞の原形！
×　I want to <u>am</u> a good dancer.
○　I want to <u>be[become]</u> a good dancer.

(3)「コンピュータを使う必要がある」の下線部が答えの中心になるので，「何をする必要がありますか」という文にする。疑問詞 what を用いた疑問文〈What do[does] +主語+動詞の原形〜?〉の形とし，動詞の原形 need に目的語となる名詞的用法の不定詞 to do を続ける。
(4) 主語を To read books「本を読むこと」にかえる。主語になる不定詞は 3 人称単数扱いなので，be 動詞 are は is とする。

3 (1) like to take pictures「写真を撮るのが好きだ」
(2) to play the piano「ピアノをひくこと」が補語になる名詞的用法の不定詞。
(3) to speak English が主語。「英語を話すことは〜ではない」が文の骨組み。

1 (1) イ　　(2) ア　　(3) ウ　　(4) ウ
(5) ア　　(6) ウ
2 (1) to, swim
(2) to, rain

(3) To, is

(4) hope, to

3 (1) wants, to

(2) is, to

4 (1) イ

(2) トムが和紙（の便せん）を気に入ったから。

(3) To write a letter in Japanese isn't（easy.）

(4) ア

5 (1) 例：I want to be a musician. / I want to be an actor. / I want to be a flight attendant. など

(2) 例：I like to play video games〔a video game〕. / I like to study English. / I like to read comic books. など

解 説

1 (1) to watch TV として want の目的語にする。

(2) My job is to ～ books. とすれば，to ～ books が主語 My job を説明する補語となる。

(3) would like to eat「食べたいと思う」

(4) like to listen to ～「～を聞くのが好きだ」

(5) 文の主語がないので，to を teach の前に置き，不定詞の名詞的用法 to teach「教えること（は）」とすればよい。「私にとって，教えることは習うことだ」

(6) tries to be kind to ～「（～に対して）親切であろうと努める」

2 (1)「泳ぐことが大好き」なので，動詞 loves の目的語として，不定詞 to swim を置く。

(2)「雨が降り出した」を「雨が降りはじめた」と考える。動詞 started の目的語として to rain を置く。

(3)「～を読むことは…」なので，主語を〈to ＋動詞の原形～〉で作る。不定詞は 3 人称単数扱いなので，動詞は is。

(4)「～に会うことを望む」＝ hope to see ～

3 (1)「彼の夢は医者になることだ。」→「彼は医者になりたい。」

(2)「私は将来，アフリカへ行きたい。それが私の夢だ。」→「私の夢は将来アフリカへ行くことだ。」

4 (1) 直後のトムの発言を参照。アンはトムに和紙を渡したことが読み取れる。物を手渡すときは Here you are.（はい，どうぞ）などと言いそえる。

(2)「私はうれしいです。」から，なぜうれしいのかを考える。直前のトムの発言 I like this Japanese paper. がその理由。

(3)「日本語で手紙を書くこと」が主語。to write a letter in Japanese とすれば，名詞的用法の不定詞となり，主語を作ることができる。動詞には isn't を置き，文の終わりの easy につなぐ。

(4) 本文 6 ～ 7 行目を参照。「トムの問題は何か。」

5 (1)「あなたは将来，何になりたいですか。」I want to be ～. で表す。be は become でもよい。「～」には希望する職業などを書く。in the future は省略してもよい。

例：「私はミュージシャンになりたい。」/「私は俳優（役者）になりたい。」/「私は客室乗務員になりたい。」

(2)「あなたは自由な時間に何をするのが好きですか」I like to ～. で表す。「～」には自分が何をするのが好きなのかを書く。in my free time は省略してもよい。

例：「私はテレビゲームをするのが好きだ。」/「私は英語を勉強するのが好きだ。」/「私はマンガを読むのが好きだ。」

全訳

4 トム：先週，サトウさんがぼくに手紙を送ってくれたんだ。彼に返事を書きたいんだ。手紙のためのものを持っているかな？

アン：ええ，持っているわ。和紙を何枚か持っているわ。はい，どうぞ。

トム：ああ，ありがとう。この和紙はいいね。

アン：うれしいわ。

トム：彼に伝えたいことがたくさんあるな。最初に何を書く必要があるだろう。ええと…，わからない！

アン：あせらないで。日本語で手紙を書くのは簡単ではないわ。

4 不定詞② ─ 副詞的用法・形容詞的用法 ─

STEP 2 基本問題　　　　　　　　　　　　　　　本冊 P.21

1 (1) イ　　(2) ア　　(3) ウ

2 (1) I'm glad to see you.

(2) Yoko went to the shop to buy some CDs.

(3) He made something hot to drink.

3 (1)（Ryo）got up early to run（.）

(2)（I）have an E-mail to write（.）

(3)（We're）happy to help you（.）

(4)（Let's）go to call a doctor（.）

解 説

1 (1) to study は go の目的を表す副詞的用法→「勉強するために」

(2) to do は名詞の homework を修飾する形容詞的用法→「するべき宿題」

(3) to open は surprised という感情の原因を表す副詞的用法→「開けて驚いた」

2 (1) 形容詞 glad の直後に置き，「会えてうれしい」の意味にする。

(2) some CDs の直前に置き，「買うために店へ行った」の意味にする。

(3) something hot のうしろに置き，「飲むための温かいもの」の意味にする。

ミス注意！

-thing のあとは〈形容詞＋ to ＋動詞の原形〉！

× He made **something** to drink hot.

○ He made **something** hot to drink.

3 (1)「早く起きた」目的は，「走るために」である。

(2)「書くべき E メール」では「書くべき」が名詞の「E メール」を修飾している。英語では an E-mail のうしろに to write を置く。

(3) 感情を表す happy のあとに，その原因を表す to help you を置く。

(4) Let's のあとには動詞の原形(go)を置く。「行く」目的として，to call a doctor を続ける。

(2)「彼らは～悲しかった」→ They were sad を文の骨組みとする。悲しい(sad)という感情の原因を表すには，sad のあとに副詞的用法の不定詞 to say goodbye「お別れをして」を置く。

(3)「私は～本がほしい」→ I want a book を文の骨組みとする。「理科を勉強するために」は，to study science とする。

STEP 3 得点アップ問題　　　本冊 P.22

1 (1) ア　(2) ウ　(3) イ　(4) ア

2 (1) to, eat　(2) to, work　(3) went, buy
(4) nothing, to

3 (1) 私たちの町には訪れるべき場所がたくさんある。
(2) 私たちは食べるために生きるのではなく，生きるために食べる。

4 (1) (I) will go out to buy that book(.)
(2) (They) were sad to say goodbye(.)
(3) (I) want a book to study science(.)

5 (1) To help her with her housework(.)
(2) ① went　② clean

6 (1) 例：I have something to show you.
(2) 例：Ann went to the park to play the guitar.

解説

1 (1)「するべき(こと)」は形容詞的用法の不定詞 to do とする。
(2)「会いに来た」→「会うために来た」と考えて，目的を表す副詞的用法の不定詞 to meet とする。
(3)「開く資金」→「開くための資金」と考えて，形容詞的用法の不定詞 to open とする。
(4)「～して(うれしい)」は感情を表す happy に，その原因となる不定詞 to win を続けて表す。

2 (1)「食べるための何か」と考え，something のうしろに to eat を置いて表す。
(2) glad「うれしい」という感情を表す形容詞のあとに，その感情の原因を示す不定詞 to work を置く。「私はあなたとまた仕事ができてうれしい。」
(3)「ノートを買うために」という目的を表す不定詞を作る。bought の原形は buy。

ミス注意！
to のあとの動詞は原形！
× I went to the store to **bought** a notebook.
○ I went to the store to **buy** a notebook.

(4) not ～ anything「何も～ない」は，nothing と言いかえられる。このあとに to do を置く。「ケンジは何もすることがない。」

3 (1) 名詞の places を形容詞的用法の不定詞 to visit がうしろから修飾していると考える。うしろから前に訳して「訪れるべき場所」とする。
(2) to eat, to live はそれぞれ目的を表す副詞的用法。
(live) to eat =「食べるために(生きる)」，(eat) to live =「生きるために(食べる)」

4 (1) I のあとに助動詞の will を置く。「買いに出かけ

ミス注意！
「～するための…」の語順がポイント！
× I **want** to study science a book.
○ I **want** a book to study science.

5 (1) Why ～? という疑問文に〈To +動詞の原形～ .〉の形で答える。To help のあとは〈人＋ with ＋物事〉の形にする。
(2)「ヒロトにはおばあさんがいる。彼女は 90 歳だ。彼女はすべての家事ができるわけではない。ヒロトは昨日，彼女の部屋②をそうじするために，彼女の家に①行った。」

6 (1)「あなたに見せるための(もの)」と考えて，(something) to show you とする。〈-thing to +動詞の原形〉の語順に注意。
(2) Ann went to the park「アンは公園に行った」のあとに，その目的を〈to +動詞の原形〉の形で示す。

ミス注意！
「～するために」の動詞の形に注意！
× Ann **went to** the park to **played** the guitar.
○ Ann **went to** the park to **play** the guitar.

全訳

5 リサ：あなたはなぜ昨日おばあさんの家に行ったの？
ヒロト：彼女の家事を手伝うためだよ。
リサ：彼女のために何をしたの？
ヒロト：部屋をそうじしたよ。とても高齢だから，家事がすべてできるわけではないんだ。ぼくの手助けが必要だよ。
リサ：とてもやさしいのね！　彼女はいくつ？
ヒロト：90 歳だよ。ぼくは彼女が大好きさ。

3〜4 のまとめ
定期テスト予想問題　　　本冊 P.24

❶ (1) イ　(2) ウ　(3) ア

❷ (1) エ　(2) エ　(3) エ
(4) ウ　(5) ウ　(6) ウ

❸ (1) to, drink　(2) to, hear　(3) tried, to

❹ (1) I have many things to (do tomorrow.)
(2) (I'm sorry) to call you very late (at night.)
(3) (Yes, but) to write *kanji* is difficult for (me.)

❺ (1) Do you like to speak English?
(2) I want to be[become] a doctor in the future.

❶ アの to become は「〜になるために」という目的を表し，動詞の studied を修飾する不定詞の副詞的用法。「マイクは医者になるためにいっしょうけんめい勉強した。」 イの to help はすぐ前の some friends を修飾する不定詞の形容詞的用法。「エマは彼女を手伝ってくれる（数人の）友達を必要としている。」 ウの to drink は，動詞 want の目的語になる不定詞の名詞的用法。「私は何か冷たいものを飲みたい。」
(1) to do はすぐ前の代名詞 nothing を修飾する不定詞の形容詞的用法。「私は今日，何もすることがない。」
(2) to learn「学ぶこと」は，主語になる不定詞の名詞的用法。「英語を学ぶことは私にとっておもしろい。」
(3) to meet は「会うために」という目的を表し，動詞 went を修飾する不定詞の副詞的用法。「私たちはグリーン先生に会うために駅へ行った。」

❷ (1)「カズオはオーストラリアに行った」のあとに続くので，「勉強するために」というように目的を表すと考え，不定詞の**エ** to study を選ぶ。
(2)「私の夢はカナダで勉強することだ。」という文にする。「〜すること」は不定詞〈to ＋動詞の原形〉で表すので，**エ** to study が適切。
(3) To take pictures「写真を撮ること」という不定詞が主語なので，3人称単数扱い。「写真を撮ることは私には難しくない。」
(4) start to 〜で「〜しはじめる」という意味。「2時間前に雨が降りはじめた。」という文にする。**ウ** to rain が適切。
(5)「私は早く起きる」のあとに続くので，「学校に行くために」となるように副詞的用法の不定詞を選ぶ。「私は学校に行くために早く起きる。」
(6) 名詞の things を形容詞的用法の不定詞で修飾する形にする。**ウ** to learn が適切。「私には学ぶべきことがたくさんある。」

❸ (1)「何か飲み物」は「飲むための何か」と考えて，不定詞の形容詞的用法を使って，something to drink とする。to drink が something を修飾する形。
(2)「聞いて驚いた」は感情の原因を表す不定詞を使って表す。surprised のあとに to hear を続ける。
(3)「〜しようとする」は try to 〜で表す。過去の文なので，tried とする。to のあとは動詞の原形が続く。

❹ (1)「明日，私たちとテニスをしませんか。」に対して，「すみませんが，できません。」と答えたあとに続く文なので，テニスのさそいを断る理由を表す文だと推測できる。many things のすぐあとに形容詞的用法の不定詞 to do を置き，「するべきたくさんのこと」というまとまりを作る。「私には明日する（べき）ことがたくさんある。」
(2) sorry のすぐあとに原因を表す副詞的用法の不定詞 to call を続ける。you は call の目的語。very は修飾する late のすぐ前に置く。「夜とても遅くにあなたに電話してごめんね。」「いいよ。ちょうど本を読んでいたところだったんだ。」
(3) to があることから，不定詞の名詞的用法を使って文を作る。to write *kanji*「漢字を書くこと」を主語にする。「あなたは日本語を書けますか。」「はい，でも私にとって漢字を書くことは難しいです。」

❺ (1)「〜することが好き」は like to 〜で表す。
(2)「〜になりたい」は want to be[become] 〜で表す。「将来」は in the future。

---

5 不定詞③ ―〈疑問詞＋ to ＋動詞の原形〉―

① how to cook[make]　② what to do
③ when to take　④ where to visit
⑤ which to buy

1 (1) which, to　(2) what, to　(3) how, to
  (4) where, to
2 (1) He doesn't know when to leave(.)
  (2) I asked her what to buy(.)
  (3) Do you know how to cook this fish(?)
3 (1) I don't[do not] <u>know</u> where to sit.
  (2) <u>Please</u> <u>tell</u> me which to use. / <u>Tell</u> me which to use, <u>please</u>.
  (3) Do you know <u>when</u> to take a bath?

1 (1)「どちらを〜すべきか」は which to 〜で表す。
  (2)「何を〜すべきか」は what to 〜で表す。
  (3)「〜する方法」は how to 〜で表す。
  (4)「どこで[どこに]〜すべきか」は where to 〜で表す。
2 (1)「いつ〜すべきか」は when to 〜で表す。
  (2)「A に B をたずねる」は ask A ＋ B の形。「何を〜すべきか」は what to 〜で表す。
  (3)「〜する方法」は how to 〜で表す。
3 (1)「どこで[どこに]〜すべきか」は where to 〜で表す。
  (2)「どちらを〜すべきか」は which to 〜で表す。
  (3)「いつ〜すべきか」は when to 〜で表す。

1 (1) **イ**　(2) **イ**　(3) **ア**　(4) **ウ**　(5) **イ**
2 (1) what, to　(2) how, to
  (3) when, practice　(4) which, drink
3 (1) Do you know <u>what</u> to do (next?)
  (2) The man told me <u>where</u> to sit(.)
  (3) They don't know which <u>to</u> choose(.)
4 (1) interesting
  (2) To try to use English is very important(.)
  (3) what, to
  (4) ⓐ7　ⓑ音楽室　ⓒ英語
　　ⓓカナダでの生活
5 (1) Do you know how to <u>get</u> to the station?
  (2) I know <u>where</u> to buy the[that] book.

解説 （左段）

1
(1) how があることから、「～する方法」の形にする。**イ** to use が適切。「私は彼にこのコンピュータの使い方をたずねた。」
(2) 「どこで[どこに]～すべきか」の形にする。**イ** where to が適切。「あなたはどこへ行くべきか知っていますか。」
(3) 「どちらを～すべきか」の形にする。**ア** which to が適切。「私はどちらを買うべきか知りたかった。」
(4) what があることから、「何を～すべきか」という形にする。**ウ** to study が適切。不定詞のあとは必ず動詞の原形が続くので、注意する。「私は彼に何を勉強するべきか教えた。」
(5) 「いつ～すべきか」という形にする。**イ** when to が適切。「私にいつ教室を掃除するべきか教えてください。」

2
(1) 「何を～すべきか」は what to ～で表す。
(2) 「～する方法」は how to ～で表す。
(3) 「いつ～すべきか」は when to ～で表す。
(4) 「どちらを～すべきか」は which to ～で表す。

3
(2) 主語 The man に続けて動詞 told を置く。told の目的語は〈人＋物事〉なので、me に続けて where to sit を置く。

4
(1) ビデオの内容を説明したあとなので、interesting「おもしろい、興味深い」がよい。boring「つまらない」、difficult「難しい」、impossible「不可能な」
(2) 「英語を使おうと努めること」To try to use English が主語になり、あとに is very important を続ける。
(3) 第3段落第4，5文を参照。ブラウン先生はサマーパーティーのためのカードに書くべきメッセージについて生徒たちに話している。what to write とすれば「何を書くべきか」となる。
(4) ⓐⓑ第2段落第1文を参照。July は「7月」、music room は「音楽室」の意味。ⓒ第3段落第1文を参照。to practice your English「あなたの英語を練習するために」ⓓ第2段落後半を参照。

全訳

4　これから、私はサマーパーティーについてあなたたちに話します。ほかの生徒を招待するために、あなたたちはカードを書きます。すてきなカードを作ってください。

私たちは7月29日に音楽室でパーティーを開きます。それは午後2時にはじまります。パーティーでは、私がギターをひいて、私たちは英語の歌を歌いますよ。また、ビデオを見るつもりです。それはカナダでの私の生活に関するものです。あなたたちにとって、それを見るのはおもしろいでしょう。

あなたたちは英語を練習するために、このサマーパーティーに参加するべきです。英語を使おうと努めることがとても大切です。あなたたちはカードにもう1つのことを書かなければなりません。これを英語で書いてください。「いっしょに楽しみましょう。」というのが私のメッセージです。

右段

6 不定詞④ ― It is ... for A to ～ ―

STEP 2 基本問題　　　　　　　　　　本冊 P.31

1 (1) ア　　(2) ウ　　(3) ウ

2 (1) It, of
(2) It, is, to
(3) was, not, for, to

3 (1) It is hard for her to write a letter (in English.)
(2) Is it important for us to study (Chinese?)
(3) It is not clever of her to (speak like that.)

解説

1
(1) 「本を読むことはわくわくする。」
(2) 「私たちにとってコンピュータを使うことは大事だ。」
(3) 「あなたがそう言ったのは賢かった。」〈It was ～ of ＋（人）＋不定詞(...)〉の文の形をとる。

2
(1) 〈It is ～ of ＋（人）＋不定詞(...)〉「…をするとは（人）は～だ」の形。careless のように人の性質を示す形容詞の場合は、for ではなく of を使う。make a mistake で「間違いをおかす」。
(2) 〈It is ＋形容詞＋不定詞〉の文。不定詞以下「あなたとトランプ遊びをすること」が a lot of fun「とても楽しい」という意味。
(3) 〈It is ～ for ＋（人）＋不定詞(...)〉の否定文。

3
(1) 〈It is ～ for ＋（人）＋不定詞(...)〉で「…をすることは（人）にとって～だ」。to write a letter in English が不定詞のまとまり。
(2) 〈It is ～ for ＋（人）＋不定詞〉の疑問文。be 動詞を文頭に置き、〈主語＋形容詞＋ for ＋（人）＋不定詞〉と続ける。
(3) 〈It is ～ of ＋（人）＋不定詞〉の否定文。形式主語 It を文頭に置き、be 動詞のあとに not をつける。

STEP 3 得点アップ問題　　　　　　　本冊 P.32

1 (1) ウ　　(2) ウ　　(3) イ　　(4) ウ

2 (1) It is not easy ⏽for⏽ me to swim (across this river.)
(2) It is important ⏽study⏽ (hard.)
(3) Is it ⏽possible⏽ for humans to live (on the moon?)
(4) It was difficult for ⏽him⏽ to believe (the story.)

3 (1) it was difficult for me to hit the ball
(2) the ball
(3) to watch the ball carefully
(4) kind, of, you, to, give
(5) 彼女とまたソフトボールをするのは楽しいことだろう。
(6) ウ

解説

1
(1) It は形式主語で、真の主語は不定詞 to play。「遊ぶこと」to play が、「よいこと」good だという文。

左カラム

2 (1) not easy で「簡単ではない」。
(2) 〈It is ＋形容詞＋不定詞〉の文。to のあとに置く s ではじまる単語を日本文を手がかりに考える。
(3) It is possible for（人）to ～「（人）にとって～することは可能だ」。疑問文なので Is を文頭に置き，形式主語の it，形容詞(possible)と続ける。humans は「人」あるいは「人類」の意味を表す。
(4) 文の最後が the story であり，「その話を信じること」という日本文から to believe the story を真の主語とした〈It is ～ for ＋（人）＋不定詞〉の文を考える。for のあとの「人」に当てはまる単語が足りないので h で始まる単語はそこに当てはめる。

3 (1) この文の前で，シホさんがソフトボールに苦戦している様子を読みとり，「私（シホさん）にとってボールを打つことが（特に）難しかった。」という意味の文にする。
(2) (1)で完成させた文と，その次の文からシホさんがボールを打つことに苦労していることが読みとれる。友人のアドバイスでようやく「何か」を打つことができた，と言っているのが下線部②を含む文。「何か」はボールを指す。
(3) it を形式主語とした文。不定詞に続くまとまりが it にあたる。
(4) it is kind of you to ～「～をしてくれるあなたは親切だ」。人の親切さを感謝する表現。
(5) will be ～「～になるだろう」が使われているが，It is fun to ～「～することは楽しい」の形の文。不定詞のまとまりが真の主語なので to 以下を先に日本語にするとよい。「彼女とまたソフトボールをすること」が to 以下の意味。

全訳

3 今日の体育の授業で，私は初めてソフトボールをした。ソフトボールは野球にとてもよく似ている。バットとグローブ，それにボールを使ってプレーする。最初に，ミヤマ先生がやり方を教えてくれた。それから試合をやってみた。私の友達のエリカとサラはとても上手だった。それを見てびっくりした。私は彼女たちみたいには上手くできなかった。というか，とても下手だった。特に，ボールを打つのが私には難しかった。私は恥ずかしかったのだけれど，エリカが私に「ボールをよく見て」と言ってくれた。彼女の言った通りやってみると打てた！　うれしかった。ボールを打つにはボールをよく見ることが大切だ。エリカには「いいアドバイスをくれてあなたはとても親切ね！」と言った。ソフトボールはとても楽しかった。
来週は私たちは2組に分かれて試合をする予定だ。私はエリカと同じチームでプレーしたい。彼女とまたソフトボールをするのは楽しいだろう。とにかく，次の試合が楽しみだ。

右カラム

7 動名詞

STEP 2 基本問題 本冊 P.35

1 (1) watching　(2) cleaning　(3) eating
(4) sitting

2 (1) like, running
(2) Learning[Studying], is
(3) without, saying

3 (1) It stopped raining.
(2) Did you enjoy swimming in Okinawa?
(3) Thank you for helping us.

解説

1 動名詞（動詞の ing 形）に直す。
(1) 動詞 enjoyed の目的語になるのは動名詞。
(2) 動詞 finish の目的語になるのは動名詞。
(3) 動詞 stopped の目的語になるのは動名詞。
(4) 前置詞 about の目的語になるのは動名詞。

ミス注意！
× siting　○ sitting

2 (1)「～するのが好きだ」= like ～ing
(2) 主語は動名詞 Learning または Studying で表す。

ミス注意！
動名詞は3人称単数扱い！
× **Learning** foreign languages <u>are</u> difficult.
○ **Learning** foreign languages <u>is</u> difficult.

(3) 前置詞 without のうしろにくる目的語の形は動名詞(saying)。

3 (1)「雨がやむ」→「雨が降るのが止まる」は stop raining で表す。

STEP 3 得点アップ問題 本冊 P.36

1 (1) ウ　(2) イ　(3) ウ
(4) ア　(5) イ

2 (1) Knowing, is　(2) about, coming
(3) at, playing

3 (1) I love listening to music after lunch.
(2) Did you enjoy playing baseball last Sunday?
(3) Growing rice is my grandfather's job.

4 (1) ① playing　② cleaning
(2) winning
(3) (a) He is[He's] playing a video game (now).
　　(b) No, he didn't[did not].

5 (1) Did you start reading a new book(?)
(2) Painting pictures isn't easy (for me.)

6 例：I like watching TV (after dinner). / I like talking with my family (after dinner). / I like playing video games (after dinner).　など

1 (1) 動詞 started の目的語なので，動名詞の**ウ** thinking を選ぶ。
(2) 動詞 stopped の目的語なので，動名詞の**イ** eating を選ぶ。
(3) 動詞 want が目的語にとるのは不定詞なので，**ウ** to use を選ぶ。
(4) Watching soccer games「サッカーの試合を見ること」が主語。〈動名詞＋語句〉は3人称単数扱いなので，動詞には**ア** is を選ぶ。
(5) in は前置詞なので，目的語には動名詞の**イ** cooking を選ぶ。be interested in ～ing「～することに興味がある」

2 (1) 不定詞 To know を1語の動名詞 Knowing で表す。不定詞・動名詞が主語になるときは，いずれも3人称単数扱いなので，be 動詞は is が適切。「たがいを知ることはとても大切だ。」
(2) Why don't you ～?「～しませんか」は，提案したり誘ったりする表現。How about ～ing?「～してはどうですか」でも似た内容を表すことができる。about は前置詞なので，うしろには come を動名詞 coming にして続ける。
(3) be good at ～「～が得意である」の at は前置詞なので，play を動名詞 playing にして続ける。

3 (1) love は目的語に不定詞と動名詞の両方をとるので，love to listen を love listening にかえる。
(2)「あなたはこの前の日曜日に野球をしました。あなたはそれを楽しみましたか。」という文を，「あなたはこの前の日曜日に野球をして楽しみましたか。」とする。enjoy ～ing「～して楽しむ」の形にする。
(3)「私の祖父は米を育てている。それが彼の仕事だ。」という2文を「米を育てることが私の祖父の仕事だ。」という1文にする。「米を育てること」が主語。なお，growing rice を補語とすれば→「私の祖父の仕事は米を育てることだ」＝ My grandfather's job is growing rice. となり，主語は「私の祖父の仕事」となる。

4 (1) ①は動詞 stop，②は動詞 finish の目的語になるので，それぞれ動名詞にする。
(2)「あとでそれをする。」という意味。書きかえた文の after は前置詞なので，うしろには動名詞がくる。win は n を重ねて ing をつけ，winning とすることに注意。「私はこのゲームに勝ったあとで[勝ったら]それをします。」
(3) (a)本文1行目参照。「トムのお母さんはトムに話しかけています。彼は今，何をしていますか。」—「彼は(今)テレビゲームをしています。」 (b)本文5～6行目参照。「トムは宿題をやり終えましたか。」—「いいえ，終えませんでした。」

ミス注意!
質問に合わせて，did を使って答える！
× No, he <u>wasn't</u>.
○ No, he <u>didn't</u>.
過去進行形の文と混同しないように注意する。

5 (1)「あなたは～を読みはじめましたか」という過去の疑問文なので，Did you ではじめる。動詞 start は目的語に不定詞と動名詞の両方をとるが，ここでは to がないので，動名詞 reading を使って，start reading ～とする。read が不要。

(2)「絵をかくこと」は painting pictures で表し，これを主語にする。painting pictures は3人称単数扱いなので，動詞は isn't を続ける。aren't が不要。

6 質問は「あなたは夕食後，何をするのが好きですか。」という意味。「動名詞を用いた」とあるから，I like ～ing ... の文で答える。
例：「私は(夕食後に)テレビを見るのが好きだ。」/「私は(夕食後に)家族と話すのが好きだ。」/「私は(夕食後に)テレビゲームをするのが好きだ。」

全訳

4 母：トム，テレビゲームをするのをやめなさい。
トム：どうして？
母：部屋のそうじは終わったの？
トム：もちろんだよ，お母さん。
母：それなら，宿題はどう？
トム：まだだよ。あとでするよ。

5～7のまとめ
定期テスト予想問題 本冊 P.38

1 (1) what, to　　(2) stopped, taking
(3) Is, it
2 (1) エ　　(2) ウ　　(3) エ　　(4) ウ
(5) イ　　(6) ア
3 (1) speaking　　(2) It, for　　(3) It's, to
4 (1) Eating breakfast is important(.)
(2) Did you finish reading the book(?)
(3) It will be difficult for him (to drive a car.)
5 (1) Are you good at speaking English?
(2) I don't[do not] know how to use this camera.

解 説

1 (1)「何を～すべきか」は what to ～で表す。
(2)「～するのをやめる」は stop ～ing で表す。stop は動名詞しかとらない動詞なので，注意する。
(3) 〈It is ～ for +(人)＋不定詞(...)〉の疑問文にする。be 動詞 is を文の最初に置く。

2 (1) 主語に動詞がきているので，不定詞か動名詞の形にする。エ Studying の動名詞の形が適切。「英語を勉強することは私たちにとって大切だ。」
(2) 前置詞 for の目的語になるのは動名詞なので，**ウ** joining を選ぶ。「私たちに加わってくれてありがとう。」
(3) Taking pictures「写真を撮ること」という動名詞が主語なので，3人称単数扱い。「写真を撮ることは私には難しくない。」
(4) where があることから，where to ～「どこで[どこに]～すべきか」の形にする。**ウ** to play が適切。「私たちにどこでバスケットボールをするべきか教えてください。」

3 (1) 動詞 like は目的語に不定詞と動名詞の両方をとることができるので，like のあとの不定詞 to speak を動名詞 speaking にかえる。「私は人前で話をする

10

のが好きではない。」

(2)「写真を撮ること」が主語。〈It is ~ for +〈人〉+不定詞〈...〉〉の形式主語の形にする。

(3) 上の文は, Answering this question「この問題に答えること」が主語。下の文は answer が原形になっていることから, 不定詞を使うと考える。〈It is ~ to +動詞の原形 ...〉の形を使って表すが, difficult の前の空所が 1 つなので, It is を短縮形の It's とする。「この問題に答えることは難しい。」

❹ (1)「朝食を食べること」が主語なので, 動名詞 eating breakfast から始める。

(2)「~し終える」は finish ~ing で表す。finish は目的語に不定詞ではなく動名詞をとる動詞なので, 注意する。

(3) 形式主語〈It is ~ for +〈人〉+不定詞(...)〉の形にする。ただし, will があることから, is のところは will be となる。

❺ (1)「~するのが得意だ」は be good at ~ing で表す。at のうしろは動名詞がくるので,「英語を話すこと」= speaking English を続ける。

(2)「私はわからない」は I don't know とし,「~の使い方」→「~のしかた」を〈how to +動詞の原形~〉を使って続ける。

---

8 助動詞①

STEP 2 基本問題　本冊 P.41

1 (1) must, think　(2) have, to
　(3) must, not　(4) Do, have

2 (1) has, to　(2) Must, I　(3) should, not

3 (1) We must go home(.)
　(2) You don't have to make lunch(.)

解説

1 (1)「~しなければならない」は, 空所の数から must で表す。must のあとの動詞は原形 think。

(2)「~しなければならない」は, 空所の数から have to を使う。

(3)「~してはいけない」という禁止の意味は, must not で表す。否定の命令文 Don't take a bath today. も同じ意味。

(4)「~しなければならない」は must か have to で表すが, to wait があるので, have to を用いる。疑問文は一般動詞の疑問文と同じように, Do からはじめる。

2 (1) 主語が 1 人称の I から, 3 人称単数の my brother にかわるので, have を has にする。

(2) 助動詞の must があるので, 疑問文は〈Must +主語+動詞の原形 ~?〉の形になる。

(3) 助動詞の should があるので, 否定文は〈主語+ should not +動詞の原形~ .〉の形になる。

ミス注意!
助動詞を含む否定文で don't は使わない!
×　You **don't** should take this medicine.
○　You **should** not take this medicine.

---

3 (1)「~しなければならない」は, must を使って表す。〈主語+ must +動詞の原形~〉の語順にする。「家に帰る」= go home

(2)「~しなくてよい」は, don't have to で表す。to のあとに動詞の原形を含む make lunch を置く。

STEP 3 得点アップ問題　本冊 P.42

1 (1) must, be　(2) has, to　(3) Do, have
　(4) should, not

2 (1) must, practice　(2) don't, have

3 (1) have, to　(2) has, to

4 (1) (Ron) must not play any sports (now.)
　(2) (Yuka) doesn't have to take a bus(.)

5 (1) have　(2) What time do we have to leave(?)
　(3) 私は今夜, 早く寝なければならない。
　(4) (a)×　(b)○

6 (1) My sister doesn't[does not] have to go to school today.
　(2) You should see[watch] this movie. / You must not[mustn't] miss this movie.

解説

1 (1) 空所が 2 つなので,「~しなければならない」は〈must +動詞の原形〉を使って表す。形容詞の kind の前には be 動詞が必要なので, must のすぐあとに be 動詞の原形 be を置く。

ミス注意!
be 動詞の原形を忘れない!
×　We **must** kind to our friends.
○　We **must** be kind to our friends.

(2) 主語は 3 人称単数の Tom なので,「~しなければならない」は, has to とする。

(3) 空所のあとに〈to +動詞の原形〉が続くので,「~しなければなりませんか」は, Must I ~? ではなく, Do I have to ~? を使う。

(4)「~すべきでない」は〈should not +動詞の原形〉で表す。

2 (1)「~しなければならない」は空所の数から,〈must +動詞の原形〉を使う。

(2)「~しなくてよい」は don't have to ~ で表す。

3 (1) must を have to にかえる。「あなたはあなたのくつを洗わなければならない。」

(2)「私の兄[弟]には今日, 終えるべき宿題がたくさんある。」→「私の兄[弟]は今日, たくさんの宿題を終えなければならない。」と考える。「~しなければならない」は, 空所の数から have to で表すが, 主語が 3 人称単数の My brother なので, has to とする。

ミス注意!
主語が 3 人称単数のときは has to !
×　**My brother** have to finish a lot of homework today.
○　**My brother** has to finish a lot of homework today.

11

4 (1)「〜してはいけない」は〈must not ＋動詞の原形〉で表す。don't が不要。

(2)「〜しなくてよい」は〈doesn't have to ＋動詞の原形〉の形で表す。肯定文で使う has が不要。

━━ ミス注意！ ━━━━━━━━━━━━━━★

doesn't のあとは have to !

× Yuka **doesn't has to** take a bus.

○ Yuka **doesn't have to** take a bus.

5 (1) 魚つりに行くことが決まったあとの発言で，早朝の出発を示している。have をあてはめると「でも，朝早く出発しなければならない」となり，意味が通る。

(2) 直後にリョウが「朝5時くらい」と具体的に時間を答えているので，What time ではじまり，出発する時刻をたずねる疑問詞つきの疑問文を作る。〈What time do ＋主語＋動詞の原形〜？〉が基本形。have と to があるので，have to leave として，「私たちは何時に出発しなければなりませんか。」とする。

(3) must「〜しなければならない」，go to bed「寝る」

(4) (a) 本文1〜2行目参照。リョウの最初の発言に対しリサは，Sure! That sounds great! と喜んで承諾している。(b) 本文5〜6行目参照。リョウが「早朝にはたくさんの魚がつれる」と言っている。

6 (1)「〜しなくてよい」は don't have to 〜 で表す。主語の「私の妹」＝ my sister は3人称単数なので，doesn't[does not] have to 〜とする。

(2)「〜すべきだ」と提案するときは，should を使う。「この映画を見る」＝ see[watch] this movie「見るべきだ」→「見のがしてはいけない」と考えることもできる。「〜してはいけない」は You must not[mustn't]，「見のがす」は miss で表す。

━━ 全訳 ━━━━━━━━━━━━━━━━━━━━

5 リョウ：明日，ぼくたちといっしょに魚つりに行きたいかい？

リサ：もちろん！ すごいわ！

リョウ：でも，朝早く出発しなければならないんだ。

リサ：早く？ 私たちは何時に出発しなくちゃいけないの？

リョウ：朝の5時くらいだよ。早朝にはたくさんの魚がつれるんだ。

リサ：わかった。やってみるわ。今夜は早く寝なくちゃ。

9 助動詞②

STEP 2 基本問題　本冊 P.45

1 (1) イ　(2) ア　(3) ウ

2 (1) May[Can]，I　(2) Shall，we

(3) you，please　(4) sorry，but

3 (1) イ　(2) ウ　(3) ア

━━ 解説 ━━━━━━━━━━━━━━━━━━

1 (1)「私が〜しましょうか。」＝ Shall I 〜?〔申し出〕

(2)「〜してもよいですか。」＝ May I 〜?〔許可〕

(3)「〜してくれますか。」＝ Will you 〜?〔依頼〕

---

2 (1)「〜してもよろしいですか」と許可を求めているので，May[Can] I 〜? で表す。

(2)「いっしょに〜しましょうか」と提案するときは，Shall we 〜? で表す。

━━ ミス注意！ ━━━━━━━━━━━━━━★

空所のあとに注意して表現を選ぼう！

× How about plan a party?

○ **Shall we** plan a party?

空所のあとが動詞の原形 plan なので，Shall we 〜? とする。How about の about は前置詞なので，うしろには名詞や動名詞などが続く。

(3)「〜してくださいませんか」は Could you 〜? で表せるが，空所がもう1つあるので，please を入れて，よりていねいな表現にする。

3 (1) Can I 〜?「〜してもよいですか」に応じるときは，Sure.「もちろん。」，OK.「いいですよ。」などを使うのがふつう。

(2) Will you 〜?「〜してくれますか」に対して断るときは，ふつう Sorry, but 〜. と理由を述べる。

(3) Could you 〜? ＝「〜してくださいませんか」

STEP 3 得点アップ問題　本冊 P.46

1 (1) イ　(2) イ　(3) ウ

(4) ア　(5) ウ

2 (1) May[Can]，I

(2) Could[Would, Can, Will]，you

(3) Yes，let's

(4) thank，you

3 (1) Can[May]，I　(2) Shall，we

4 (1) Shall we eat lunch (here?)

(2) Could you please take off (your shoes?)

5 (1) Shall I　(2) ウ

(3) (a) She[Mai] went to Hokkaido (during summer vacation).

(b) To see her pictures.[Because he wants to see her pictures.]

6 (1) May[Can] I use your umbrella?

(2) Can[Will, Could, Would] you play the piano?

━━ 解説 ━━━━━━━━━━━━━━━━━━

1 (1) 答えの No problem.「いいですよ。」から，許可を求める文だと推測できる。ここは「〜してもよいですか」となるように，イ May を選ぶ。

(2) 答えの Yes, please.「はい，お願いします。」から，何か申し出る文だと推測できる。ここは「（私が）〜しましょうか」となるように，イ Shall を選ぶ。turn on the light「明かりをつける」

(3) 文末に please があるので，依頼の文だと考える。「〜してくれますか」となるように，ウ you を選ぶ。

(4) 答えの Sorry, but I can't.「すみませんが，できません。」から，依頼の文だと推測できる。ここは「〜してくださいませんか」となるように，ア Could を

選ぶ。

(5) Can you ～? は「～してくれますか」と依頼する表現。応じるには**ウ** OK.「いいですよ。」がふさわしい。

2 (1)「～してもよいですか」と許可を求めるときは，May[Can] I ～? で表す。
(2)「～してくださいませんか」と依頼するときは，Could[Would] you ～? や Can[Will] you ～? を使う。Could[Would] you ～? は Can[Will] you ～? よりていねいな表現。
(3) Shall we ～?「いっしょに～しましょうか」という提案に応じるには，Yes, let's. を使う。

〔ミス注意!〕────────────────★
Shall we ～? には Yes, let's. で答える!
Shall we go swimming next Sunday?
× ― Yes, please.
○ ― Yes, let's. (断るなら，No, let's not.)
Shall I ～? には Yes, please. (No, thank you.) で答える。混同しないように注意しよう。
(4)「いいえ，けっこうです。」= No, thank you.

3 (1)「私は窓を開けたい。いいですか。」→「窓を開けてもいいですか。」
(2) Let's ～. の文を Shall we ～? で書きかえる。「放課後，バスケットボールをしましょうか。」

4 (1)「(いっしょに)～しましょうか。」は Shall we ～? で表す。
(2) ていねいに依頼する Could you ～? に please を加えて，Could you please ～? の形で表す。「(あなたの)くつをぬぐ」= take off your shoes

〔ミス注意!〕────────────────★
please の位置に注意!
× Please **could you** take off your shoes?
○ **Could you** please take off your shoes?
○ **Could you** take off your shoes, please?
Could you ～? などの形で依頼する文に please を加えるときは，動詞の直前に置くか，文の終わりに置く。

5 (1) マイは「旅行中にたくさん写真を撮った」と言っている。ジムの「いいねえ。」という直後の応答から，「明日，あなたにそれら(写真)を持ってきましょうか。」と申し出る表現だと考える。申し出なので Shall I を選ぶ。
(2)「今，あなたの家に行ってもいいですか。」への応答の文を選ぶ。Let's go! が続くことから承諾する答えと考え，許可を求める Can I ～? に合わせて，Sure.「もちろん。」を選ぶ。
(3) (a) 本文1行目参照。「マイは夏休みの間にどこへ行きましたか。」―「彼女は(夏休みの間に)北海道に行きました。」 (b) 本文4～6行目参照。「ジムはなぜマイの家に行きたがっているのですか。」―「彼女の写真を見るためです[彼女の写真を見たいからです]。」

6 (1)「～してもよいか」と許可を求めるには，May[Can] I ～? を使う。「相手のかさ」は「あなたのかさ」と考え，「あなたのかさを使う」= use your umbrella とする。
(2)「～してくれませんか」と依頼するので，Could[Would] you ～? や Can[Will] you ～? を使う。

5 マイ：私は夏休みの間に北海道へ行ったのよ。わくわくするような場所をいくつか訪れたわ。
ジム：わあ! 写真は撮ったの?
マイ：ええ。おもしろい写真をたくさん撮ったわ。明日，それらを持ってきましょうか?
ジム：いいねえ。でも，待てないよ。今，きみの家に行ってもいいかな?
マイ：もちろん。さあ行きましょう!

〔8〕～〔9〕のまとめ
定期テスト予想問題　　　本冊 P.48

❶ (1) must, leave[start]　(2) has, to
(3) must, not　(4) doesn't, have

❷ (1) **イ**　(2) **ウ**

❸ (1) You should not drink coffee (now.)
(2) Where shall I put it(?)

❹ (1) **エ**
(2) Can I use the bathroom?

❺ (1) I didn't[did not] have to help my father last week.
(2) May[Can] I call you later?

〔解説〕

❶ (1)「～しなければならない」は，空所の数から，〈must＋動詞の原形〉を使って表す。
(2) 主語の Lisa は3人称単数なので，「～しなければならない」は，have to ではなく has to で表す。
(3)「～してはいけない」という禁止を表すときは，〈must not＋動詞の原形〉を使う。Don't look at the sun. でもほぼ同じ意味。
(4)「～しなくてよい」は〈don't[doesn't] have to＋動詞の原形〉で表す。主語の My sister は3人称単数なので，doesn't を使う。

〔ミス注意!〕────────────────★
主語が3人称単数なら doesn't have to!
× My sister **don't have** to clean her room today.
× My sister **doesn't has** to clean her room today.
○ My sister **doesn't have** to clean her room today.

❷ (1)「うん，そうするよ。」と続くので，**イ**「あなたは今家に帰るべきだ。」を選ぶ。**ア**「薬を持ってきましょうか。」 **ウ**「ごめんなさい，私はしません。」 **エ**「私にほかのものを見せてくれますか。」
(2)「数学を勉強しなければならない。」と断っているので，**ウ**「放課後にテニスをしましょうか。」と誘ったと考える。**ア**「あなたのバッグを運びましょうか。」 **イ**「私はどちらの本を読むべきですか。」 **エ**「私はチケットをどこで買えますか。」

❸ (1)「あなたは今コーヒーを飲むべきではない。」―「わかった。」

(2) 依頼する文に対して了承したあとに続く文。疑問詞 where があるので，ここは〈疑問詞 + shall I + 動詞の原形 〜?〉として，場所をたずねる疑問文を作る。「この箱を(運ぶのを)手伝ってくれる？」―「いいよ。どこに置こうか。」

❹ (1) 許可を求める Can I 〜?「〜してもよいですか」には，Sure.「もちろん。」などで答える。
(2) 本文1行目の Can I borrow the bathroom? に対して，本文4行目でシンディは，borrow ではなく use と言う，と話している。

❺ (1)「〜する必要がない」は don't have to 〜で表すが，過去の文なので，didn't とする。「先週」= last week
(2)「〜してもよろしいですか」は，May I 〜? または Can I 〜? を使う。「電話をかける」= call，「あとで」= later

---

全訳

❷ (1) A：どうしたの？
B：頭痛がするんだ。
A：今家に帰ったほうがいいよ。
B：うん，そうするよ。
(2) **A**：こんにちは，マナブ。放課後にテニスをしない？
B：ごめん，できないよ。ぼくは今日，数学の勉強をしなくちゃならないんだ。
A：どうして？
B：ぼくたちは明日，テストの予定だからだよ。

❹ タロウ：お手洗いを借りてもいい？
シンディ：もちろん。でも返してね。
タロウ：きみに返すだって？
シンディ：タロウ，私はからかっただけよ。「借りる」じゃなくて「使う」って言うのよ。
タロウ：へえ，そうなの？
シンディ：「その本を借りてもいい？」とは言うわ。でも「その部屋を借りてもいい？」とは言わないの。本は持ち運べるけど，部屋は運べないわよね。わかった？
タロウ：うん。それならぼくは「お手洗いを使ってもいい？」と言うべきなんだね。
シンディ：そのとおり。お手洗いは私の部屋のとなりよ。

🔟 重要な文型①

STEP 2 基本問題　　　　　　　　　　本冊 P.51

1 (1) look, different　(2) looks, smart
(3) looks, delicious　(4) looks, tired
2 (1) me, math[mathematics]　(2) ask, you
(3) cooked, him
3 (1) (I'll) give you this book(.)
(2) (I) sent Bob a card(.)

解説

1 「〜は…に見える」は，〈主語 + look(s) + 形容詞 .〉の形で表す。
(1)「今日はいつもとちがって見えるね。」は相手をほめるときに使う表現。
(2)「あなたのイヌはりこうそうに見える。」
(3)「このケーキはとてもおいしそうに見える。」
(4)「私の母は疲れているように見える。」

2 (1)〈人(に) + もの(を)〉の語順に注意。「人」の部分には，目的格の me「私に」を使う。

ミス注意!
2つの目的語は〈人 + もの〉の語順！
× My brother taught <u>math me</u>.
　　　　　　　　　　　もの　　人
○ My brother taught <u>me math</u>.
　　　　　　　　　　　人　　もの
(2)「あなたに1つ質問をする」= ask you a question
(3)「〜に…を料理する」は〈cook + 人 + もの〉で表す。

3 (1)「〜に…をあげる」は〈give + 人 + もの〉の語順で表す。
(2)「〜に…を送る」は〈send + 人 + もの〉の語順で表す。

STEP 3 得点アップ問題　　　　　　　　本冊 P.52

1 (1) ア　(2) イ　(3) ウ
(4) ウ　(5) ウ
2 (1) 私たちは彼女に人形を作った。
(2) 父は私に本を買ってくれた。
3 (1) Ann, dinner　(2) to, Koji
(3) for, Mai　(4) me, English
4 (1) make　(2) sounds
(3) (Some) boys give girls flowers (or take them out to dinner.)
(4) (a)例：She will make (Bill) a chocolate cake. / She will make a chocolate cake (for Bill).
(b)例：No, they don't[do not].
5 (1) My father told me his idea. / My father told his idea to me.
(2) My sister became a teacher three years ago.

1 (1) nice は形容詞なので，動詞 look の補語としてうしろに置くことができる。〈look ＋形容詞〉で「～に見える」の意味。「あなたはそのユニフォームを着るとすてきに見える。」

(2) a great player「すばらしい選手」をうしろに続けられるのは，動詞の意味から become「～になる」のみ。「その少女はすばらしい選手になるだろう。」

(3)〈動詞＋目的語（人）me ＋目的語（もの）the way〉の形で使えるのは show のみ。「私にその駅への道を教えてください。」

(4) send のうしろなので，「（人）に（もの）を送る」の意味だと考える。（もの）が it などの代名詞の場合は，〈動詞＋（もの）＋ to ＋（人）〉の語順で表す。「私にそれを送ってくれますか。」

send me it は間違い！
× Will you **send** me it?
○ Will you **send** it to me?

(5)〈make ＋人＋もの〉で「～に…を作る」という意味。

2 (1)〈make ＋人＋もの〉で「～に…を作る」という意味を表す。

(2)〈buy ＋人＋もの〉で「～に…を買う」という意味を表す。

3 (1)〈made ＋もの＋ for ＋人〉→〈made ＋人＋もの〉への書きかえ。「私は昨夜アンに夕食を作った。」

(2)〈showed ＋人＋もの〉→〈showed ＋もの＋ to ＋人〉への書きかえ。show には to を使う。「サクラはコウジに写真を何枚か見せた。」

(3)〈cook ＋人＋もの〉→〈cook ＋もの＋ for ＋人〉への書きかえ。「私はマイにカレーを料理した。」

(4)「スミス先生は私の英語の先生だ。」→「スミス先生は私に英語を教えてくれる。」への書きかえ。〈teach ＋人＋もの〉の形にする。

4 (1) 空所を含む文は，うしろに you a chocolate cake という〈代名詞の目的格＋名詞〉が続いていることから，「…に～を作る」を表す〈S ＋ V ＋ O ＋ O〉の文だと考える。

(2) 話を聞いて「おもしろそう」と言うときは〈sound ＋形容詞〉を使う。look は見たものから判断するので，ここでは不適切。

(3)〈give ＋人＋もの〉「～に…をあげる」の形にする。Some boys「何人かの男の子」を主語にする。「何人かの男の子は女の子に花をあげたり～」

(4) (a)「マキはバレンタインデーに何をするでしょうか。」本文1行目参照。「私はあなた（＝ビル）にチョコレートケーキを作りましょう。」とある。

(b)「アメリカにホワイトデーはありますか。」本文9行目参照。「アメリカにホワイトデーはない。」とある。

5 (1)「（人）に（もの）を話した」の日本文から，〈tell ＋人＋もの〉の形を考える。〈tell ＋もの＋ to ＋人〉の形でもよい。過去の文なので，tell の過去形 told を使うことにも注意。

(2)「～になる」は become ～で表す。

---

4 マキ：バレンタインデーはもうすぐね。私はあなたにチョコレートケーキを作るわ。

ビル：わあ！　ありがとう。それを食べたいな。アメリカでは，男の子も女の子にチョコレートをあげるんだ。

マキ：あら，そう？　それはおもしろそうね。

ビル：女の子に花をあげたり，夕食へ連れていったりする男の子もいるよ。

マキ：それはすてき！　日本では女の子は3月14日まで待たなくちゃいけないのよ。

ビル：3月14日？　それは何の日？

マキ：ホワイトデーよ。男の子は女の子にお返しに甘いものをあげるの。

ビル：アメリカにはホワイトデーはないよ。

マキ：あら，それは知らなかったわ。

---

11 重要な文型②

STEP 2　基本問題　本冊 P.55

1 (1) calls　(2) made　(3) named

2 (1) makes, me　(2) call, me

(3) What, name　(4) What, made

3 (1) She calls me Mei(.)

(2) Your advice made him happy(.)

(3) The news made me sad(.)

1 (1)〈call ＋人［もの］＋名前〉で「（人［もの］）を（名前）と呼ぶ」。

(2)〈make ＋人［もの］＋形容詞［名詞］〉で「（人［もの］）を～（の状態）にする」。ここでは動詞を過去形にする。

(3)〈name ＋人［もの］＋名前〉で「（人［もの］）を（名前）と名づける」。

2 (1)「私を空腹にさせる」は，make me hungry。主語 The cookbook が3人称単数なので動詞は makes。

(2)「私をリサと呼ぶ」は，call me Lisa。

(3) 疑問詞 what からはじめる。「～を名づける」は name を使う。

(4)「何が彼を怒らせましたか。」と考えて，〈make ＋人［もの］＋形容詞［名詞］〉「（人［もの］）を～（の状態）にする」を使って表す。

3 (1)〈call ＋人［もの］＋名前〉「（人［もの］）を（名前）と呼ぶ」を使って表す。

(2)「あなたのアドバイスは彼を喜ばせた。」と考えて，〈make ＋人［もの］＋形容詞［名詞］〉「（人［もの］）を～（の状態）にする」を使って表す。

(3)「その知らせは私を悲しくさせた。」と考えて，〈make ＋人［もの］＋形容詞［名詞］〉「（人［もの］）を～（の状態）にする」を使って表す。

1 (1) calls, me　(2) made, happy
　(3) What, name　(4) What, made

2 (1) We named the bird Riri(.)
　(2) What do you call this animal(?)
　(3) What made you so surprised(?)

3 (1) have, to
　(2) (来週)スピーチをすること。
　(3) Listening to music makes me happy(.)
　(4) (a) Yes, she is.
　　　(b) Reading books does.

4 (1) They named the panda Rin.
　(2) This story made them sad.
　(3) What do you call this cat?

解 説

1 (1)〈call + 人[もの]+名前〉「(人[もの])を(名前)と呼ぶ」を使って表す。
(2)「彼の成功は私を喜ばせた。」と考えて,〈make + 人[もの]+形容詞[名詞]〉「(人[もの])を～(の状態)にする」を使って表す。
(3)疑問詞 what を文の最初に置く。「～を名づける」は name。
(4)「何が彼を悲しませましたか。」と考えて,〈make + 人[もの]+形容詞[名詞]〉「(人[もの])を～(の状態)にする」を使って表す。

2 (1)「(人[もの])を(名前)と名づける」は〈name + 人[もの]+名前〉で表す。
(2)疑問詞 what を文の最初に置く。「～と呼ぶ」は call を使う。
(3)「何があなたをそんなに驚かせましたか。」と考えて,〈make + 人[もの]+形容詞[名詞]〉「(人[もの])を～(の状態)にする」を使って表す。

3 (1)「～しなければならない」は have[has] to ～ で表すことができる。主語が 1 人称なので, have を使う。
(2)直前の文の内容をまとめる。
(3) Listening to music「音楽を聞くこと」を主語にする。〈make + 人[もの]+形容詞[名詞]〉「(人[もの])を～(の状態)にする」を使って表す。「音楽を聞くことは私を幸せにする。」

4 (1)「(人[もの])を(名前)と名づける」は〈name + 人[もの]+名前〉で表す。
(2)「(人[もの])を～(の状態)にする」は〈make + 人[もの]+形容詞[名詞]〉で表す。過去の文なので made とする。
(3)「(人[もの])を(名前)と呼ぶ」は〈call + 人[もの]+名前〉を使って表す。

全訳

3 ジュディ:忙しそうだね。どうしたの?
カナ:来週, スピーチをしないといけないの。不安だわ。毎日, いっしょうけんめい, 練習しているの。
ジュディ:そうなのね。スピーチは何について?
カナ:私の好きな曲についてよ。
ジュディ:いいわね。カナは音楽がとても好きだものね。
カナ:そうね。音楽を聞くと幸せになれるの。あなたは?
ジュディ:本が好きよ。本を読むと落ち着くの。ときどき, 夜遅くに読むことがあるの。

12 前置詞

1 (1) during　(2) until　(3) over
　(4) under

2 (1) around　(2) by　(3) for　(4) on

3 (1) The song is popular among young people.
　(2) I did my homework before dinner.

解 説

1 (1)「あなたは夏休みの間にどこかへ行きましたか。」
(2)「10 時 30 分までここにいられますか。」
(3)「私たちは山の上にたくさんの星を見た。」
(4)「あのいすの下のネコを見てください。」

2 (1)「世界中で」= around the world
(2)「～(交通手段)で」を表すときは by ～ を用いる。乗り物の前に冠詞がつかないことに注意。
(3)「～の間」= for ～
(4)特定の日の朝には on を使う。

ミス注意!
「～曜日の朝に」は on で表す!
× in Sunday morning
○ on Sunday morning
「朝に」は in the morning だが,「～曜日の朝に」は〈on +曜日+ morning〉で表す。

3 (1) 3 つ以上の「～の間に」は among。
(2)「～の前に」は before。

1 (1) ウ　　(2) ア
　(3) イ　　(4) ア

2 (1) in, English　(2) by, train
　(3) Where, from　(4) at, noon

3 (1) after, taking　(2) in, for

4 (1) ① of　② without　③ to　④ during
　(2) (a) No, she wasn't[was not].
　　　(b) She got up at 8 (o'clock).

(3) go to bed early

5 (1) 例：I was born in 2007. / I was born on June 19, 2006. など

(2) 例：I'm[I am] interested in music. / I'm[I am] interested in playing soccer. など

1 (1)「私は1週間ニューヨークに滞在する予定だ。」

ミス注意！
期間を表すには for を使う！
× during **a week**　○ **for a week**
during は during vacation のように，「特定の期間の間(じゅう)」という場合に使う。

(2)「(3人以上)の間で」は**ア** among で表す。「その歌手は若者の間で人気だ。」
(3)「(接しないで)上のほうに」は**イ** over で表す。「川の上に橋がかかっている。」
(4)「〜時に」= at 〜 「コンサートは6時30分にはじまる。」

ミス注意！
「〜時にはじまる」は start at 〜で表す！
× The concert **starts** from 6:30.
○ The concert **starts** at 6:30.

2 (1)「英語で」= in English
(2) 交通手段は〈by ＋乗り物〉で表す。
(3)「〜出身の」= from 〜
(4)「正午に」は at noon で表す。

3 (1)「私は夕食の前にふろに入った。」を，I had dinner ではじまる文にすると，「私はふろに入ったあとで夕食をとった。」となる。前置詞 after のあとには動名詞 taking がくることに注意。
(2) 期間は for で表す。

4 (1) ① jump out of 〜「〜から飛び出る」
② without 〜ing「〜しないで」
③ get to 〜「〜に着く」
④ during the class「授業中」
(2) (a)本文3〜5行目(第4・5文)参照。教室に到着して座った直後に，先生が教室のドアを開けたこと，in time「間に合って」から，遅刻はしなかったことがわかる。「アミは今朝，学校に遅刻しましたか。」―「いいえ，遅刻しませんでした。」(b)本文2文目参照。「アミは今朝何時に起きましたか。」―「彼女は8時に起きました。」
(3) stay up late「遅くまで起きている，夜ふかしする」の反対の意味を表す語なので，本文6行目の母親の発言中にある「早く寝る」= go to bed early が適切。

5 (1)「あなたはいつ生まれましたか。」に〈I was born in ＋西暦[on ＋日付].〉で答える。
(2)「あなたは何に興味がありますか。」に I'm[I am] interested in 〜.で答える。in のあとには興味のあることを，名詞または動名詞で示す。

4
11月22日　金曜日
私は今朝，8時に起きた。いつもより30分遅かった。私はベッドから飛び出て，朝食をとらずに家を出た。私が教室に着いて座ったとき，担任の先生が教室のドアを開けた。私は間に合った。だが授業中ずっとおなかがへっていた。放課後，私は帰宅して「今朝，どうして起こしてくれなかったの？」と母に言った。母は「昨日，早く寝るように言ったわ。でもあなたはテレビを見るのをやめなかったでしょう。それが理由よ！」と言った。私は「ごめんなさい。今夜は夜ふかしはしないわ」と言った。

10〜12のまとめ
定期テスト予想問題　本冊 P.62

1 (1) ウ　　(2) ウ
(3) ウ　　(4) ア

2 (1) to, him　(2) for, her　(3) What, made

3 (1) It made me excited(.)
(2) (Oh,) the black one in front (of the tree.)

4 (1) ① at　② on
(2) 絵[写真]を見ることは私をとても幸せにする。
(3) ア
(4) Can you show them to me(?)

5 (1) 例：I got up at six thirty. など
(2) 例：They call me Riku. など
(3) 例：I want to give him a book. / I want to give her a bag. など

1 (1) あとに the park and the school とあるので「〜の間に」の between を選ぶ。
(2)「(人[もの])を(名前)と呼ぶ」は〈call ＋人[もの] ＋名前〉で表す。「私はリョウタロウですが，友達は私をリョウと呼ぶ。」
(3)〈give ＋もの＋ to ＋人〉で「(人)に(もの)を与える」。動詞によって to と for を使い分けるので，注意する。「私はこの本をあなたにあげるつもりだ。」
(4)「〜に聞こえる」は sound 〜。「あなたの考えはよさそうに聞こえる。」

2 (1)〈teach ＋人＋もの〉→〈teach ＋もの＋ to ＋人〉への書きかえ。
(2)〈buy ＋人＋もの〉→〈buy ＋もの＋ for ＋人〉への書きかえ。
(3)「なぜあなたはそんなに驚いたのですか。」が上の文。「何があなたをそんなに驚かせましたか。」とすれば同じ意味になる。疑問詞 what を文の最初に置き，made を使って表す。

3 (1)「それは私をわくわくさせた。」という文を作る。〈make ＋人[もの] ＋形容詞[名詞]〉「(人[もの])を〜(の状態)にする」を使って表す。
(2) one は前の dog を表す不定代名詞。〈the ＋形容

17

詞＋one〉の形にする。「〜の前に」は in front of
〜で表す。

❹ (1) ①「（電車などを）〜で降りる」は get off at 〜で
表す。②「右手に」は on your right。
(2) That は直前の「絵[写真]を見ること」を指す。
(3)「それはよく聞こえる。」という文にする。「〜に
聞こえる」は sound 〜で表す。
(4)「私にそれらを見せてくれませんか。」という文に
する。〈show ＋人＋もの〉で表すが，「もの」に代名
詞 it, them などがくると，〈show ＋代名詞＋ to ＋人〉
の語順になるので，注意する。

❺ (1)「あなたは今朝，何時に起きましたか。」時刻を表
す前置詞は at を使う。
(2)「あなたの友達はあなたを何と呼びますか。」「（人
[もの]）を（名前）と呼ぶ」は〈call ＋人[もの]＋名前〉
で表す。
(3)「あなたは友達の誕生日に何をあげたいですか。」
〈give ＋人＋もの〉で表す。

❹ アンディ：ミキ，中央美術館を知ってる？
ミキ：うん。よくそこへ行くよ。
アンディ：道を教えてくれる？　次の日曜日にそこへ
行きたいんだ。
ミキ：もちろん。ニワセ駅で降りて。エイワ通りを2
ブロック進んで，銀行のところで右に曲がって。そ
したら，右手に美術館が見えるわ。
アンディ：ありがとう，ミキ。ぼくは絵を見るのが好
きなんだ。絵を見るととても幸せになるんだよ。そ
こで何枚かのポストカードを買うつもりなんだ。
ミキ：いいね。私にも見せてくれる？
アンディ：うん，もちろんだよ。来週，持ってくるよ。

13 接続詞① ― when, if, because ―

STEP 2 基本問題　本冊 P.65

1 (1) ア　(2) イ　(3) ア
2 (1) before　(2) If, it's　(3) Because
(4) After
3 (1) If you are free now, let's play tennis.
(2) When you called me, I was taking a bath.
[When I was taking a bath, you called me.]
(3) I went to bed early because I was tired.

解説

1 (1) 条件を表す if 〜の中では未来のことでも現在形
を使う。
(2)「あなたは疲れて見える」と「私が夕食を作ろう」
をつなぐ接続詞として，because「なぜなら〜だから」
では意味が通らない。so を入れて「あなたは疲れて
見える，だから私が夕食を作ろう。」とすれば意味が
通る。
(3) 時や条件を表す when 〜や if 〜の中では，未来

のことでも動詞は現在形。will get ではなく，get が
正しい。「あなたが家に帰ったら，私に E メールを送っ
てください。」

2 (1)「〜（する）前に」は before で表す。
(2)「もし〜なら」と条件を表すときは，if を使う。
この場合の if に続く動詞は，未来のことでも現在形
を使うことに注意する。

＝ミス注意！＝
If 〜 の部分では will を使わない！
× If it'll be rainy, Mike will be at home.
○ If it's rainy, Mike will be at home.

(3) Why ではじまる疑問文に答えて，理由を述べる
ときは，Because 〜 . を使う。
(4)「（〜した）あとに」は after で表す。

3 (1) If 〜 を文の前半に置くときは，区切りのところ
にコンマを置くことを忘れないように。「もしあなた
が今ひまなら，テニスをしよう。」
(2)「〜（する）とき」という意味の接続詞 when を使っ
て，「あなたが私に電話をくれたとき，私はふろに入っ
ていた。」という文にする。「私がふろに入っていたと
き，あなたは電話をくれた。」でも表せる。
(3)「〜なので」と理由を表すときには because を使
う。

STEP 3 得点アップ問題　本冊 P.66

1 (1) エ　(2) イ　(3) オ
(4) ア　(5) ウ
2 (1) because　(2) when, came
(3) If, go　(4) before
3 (1) (I'll call you) after I get home(.)
(2) (I went back home early) because I was
tired(.)
4 (1) when
(2) If you are free tonight[this evening](, why
don't you come with me?)
(3) starts
(4) イ
5 (1) What do you want to do if it's[it is] sunny
[fine] tomorrow?
(2) I will[am going to] go to Hiroshima
because I want to see my uncle.

解説

1 ア「彼は病気で寝ていたので」 イ「ふろに入ったあと」
ウ「もし彼女が忙しければ」 エ「それで彼女はお父
さんを手伝えなかった」 オ「私が公園で歩いていた
とき」に続けて自然な内容になるかで判断する。
(1)「アンはとても忙しかった」
(2)「私はテレビを見た」
(3)「私はベイカー先生に会った」
(4)「ケンタは宿題をすることができなかった」
(5)「メアリーは早く家に帰らないだろう」

2 (1)「〜なので」は because で表す。
(2)「〜のとき」は接続詞 when を使う。「来たとき」と過去の文なので，come は過去形の came にする。
(3)「もし〜なら」という条件は，if を使って表す。〈if＋主語＋動詞〜〉の部分では，未来のことを表すときでも動詞は現在形を使うので，「行く」は go とする。
(4)「〜(する)前に」は before を使って表す。

3 (1) after は「〜したあとに」という時を表す接続詞で，あとには〈主語＋動詞〜〉が続く。after I get home では，after は時を表すので，未来のことでも動詞は現在形。will が不要。
(2)「私は疲れていた」は，I was tired とする。「疲れていた」のが「早く家に帰った」理由なので，接続詞は because を使う。so が不要。

ミス注意！ ━━━━━━━━━━━━━━━━━━━★
原因の because と結果の so！
× I went back home early **so** I was tired.
○ I went back home early **because** I was tired.
　　　　　　　　　　　　　　　　　　　　　原因
because と so の前後のつながりに注意。

4 (1) 時を表す when「〜のとき」をあてはめると，意味が通る。
(2)「もし〜なら」＝ if，「ひまな」＝ free を使う。if のあとの動詞は，未来のことでも現在形にする。will be free としないように注意する。
(3) 時を表す接続詞のあとの動詞は未来のことも現在形にする。主語が3人称単数なので，starts とする。
(4) **ア**「サッカーはジェニーの好きなスポーツではない。」 本文1〜2行目参照。ジュンの「サッカーが好きか」という質問に，ジェニーは Yes. と答えている。
イ「アメリカでは多くの子どもたちがサッカーをする。」 本文4行目参照。「多くの子どもたちがサッカーチームに入っている。」は，チームに所属してサッカーをしているということ。
ウ「ジュンは自分は行けないので，サッカーの試合のチケットを2枚ジェニーにあげるだろう。」 本文5〜7行目参照。why don't you come with me?「いっしょに行きませんか」と誘っているので，2枚のチケットのうち1枚はジュンのもの。
エ「ジェニーはよくサッカーの試合をスタジアムで見る。」 本文7〜8行目参照。ジェニーは初めてスタジアムでサッカーの試合を見ると言っている。

5 (1)「明日晴れたら，あなたは何がしたいですか。」という文を作る。「〜をしたい」は，want to 〜 で表す。文の後半の if のあとは，明日(未来)のことでも動詞は現在形にすることに注意。
(2)「私はおじに会いたいので，広島に行くつもりだ。」という文を作る。理由を述べるときは because を使う。

全訳

4 ジュン：きみはサッカーが好きかい，ジェニー？
ジェニー：ええ。私はアメリカに住んでいたときサッカーチームのメンバーだったわ。
ジュン：へえ，そうなの？　アメリカにはサッカーチームがたくさんあるの？
ジェニー：ええ。たくさんの子どもたちがサッカーチームに入っているわよ。
ジュン：ああ，サッカーはアメリカで人気があるんだね。ええと，ぼくはサッカーの試合のチケットを2枚持ってるんだ。もしきみが今夜ひまなら，ぼくといっしょに行かないかい？
ジェニー：すごい！　これは私がスタジアムでサッカーの試合を見る最初の機会だわ。
ジュン：試合が始まったあと，きみはわくわくするよ。

14 接続詞② ― that ―

STEP 2 基本問題　　　　　　　　　　本冊 P.69

1 (1) believe, that　(2) hear, Jim
(3) afraid, that　(4) tell, that
2 (1) (We understand) that math is important(.)
(2) (I'm) sorry he can't come(.)
(3) (I told) Amy that I had a pen(.)
3 (1) My mother always <u>says</u> that she is busy.
(2) I <u>hope</u> (that) you will come to Japan again.
(3) I am sure (that) my brother will <u>be</u> famous.

解説

1 (1)「〜と信じる」は〈believe (that)＋主語＋動詞〜〉で表す。
(2)「〜と聞いている」は〈hear (that)＋主語＋動詞〜〉で表す。ただし，空所の数から判断して，that は省略した形にするので，2つ目の空所には Jim がくる。
(3)「残念ながら〜」は〈be afraid (that)＋主語＋動詞〜〉で表す。
(4)「(人)に〜と伝える」は〈tell＋人＋(that)＋主語＋動詞〜〉で表す。

2 (1)「〜と理解している」は〈understand (that)＋主語＋動詞〜〉で表す。
(2)「〜して残念だ」は〈be sorry (that)＋主語＋動詞〜〉で表す。ただし，ここでは that は省略した形になる。
(3)「(人)に〜と伝える」は〈tell＋人＋that＋主語＋動詞〜〉で表す。

3 (1)「〜と言う」は〈say (that)＋主語＋動詞〜〉で表す。that のあとの主語は my mother に合わせて，代名詞の she を使う。
(2)「〜と願う」は〈hope (that)＋主語＋動詞〜〉で表す。「あなたが日本に来る」は未来のことなので，will を使う。
(3)「〜と確信している」は〈be sure (that)＋主語

19

＋動詞 〜〉で表す。「私の兄が有名になる」は未来の
ことなので，will を使う。

STEP 3　得点アップ問題　　本冊 P.70

1 (1) you　(2) English　(3) she　(4) he

2 (1) hope, that　(2) glad[happy], that
　　(3) know, he　(4) sorry, that

3 (1) I understand this book is important(.)
　　(2) I told her she should study science(.)

4 (1) Do you think she'll like it(?)
　　(2) 私は彼女のお気に入りの色が黄色だと知っている。
　　(3) scarf
　　(4) ア×　イ○　ウ○

5 (1) Do you know (that) he is from America?
　　(2) I am sorry (that) you were[are] late.

解説

1 (1)〈be sure (that)＋主語＋動詞〜〉なので，that
は sure のあとに入れる。
(2)〈think (that)＋主語＋動詞〜〉なので，that は
think のあとに入れる。
(3)〈believe (that)＋主語＋動詞〜〉なので，that
は believe のあとに入れる。
(4)〈tell＋人＋that＋主語＋動詞〜〉なので，that
は him のあとに入れる。

2 (1)「〜と願う」は〈hope (that)＋主語＋動詞〜〉
で表す。
(2)「〜してうれしい」は〈be glad[happy] (that)
＋主語＋動詞〜〉で表す。
(3)「〜を知っている」は〈know (that)＋主語＋動
詞〜〉で表す。ただし，空所の数から判断して，
that は省略した形にする。
(4)「〜なのは残念だ」は〈be sorry (that)＋主語＋
動詞〜〉で表す。

3 (1)「〜と理解している」は〈understand (that)＋
主語＋動詞〜〉で表す。that は省略した形にする。
(2)「(人)に〜と伝える」は〈tell＋人＋(that)＋主
語＋動詞〜〉で表す。

4 (1) think があることから，〈think (that)＋主語＋
動詞〜〉の形が考えられる。「あなたは彼女がそれを
気に入ると思いますか。」
(2) I know 〜 . で「私は〜ということを知っている」。
(3) one は前に出てきた数えられる名詞の代わりをす
る。ここでは scarf の代わりをする。
(4) ア本文1行目参照。誕生日が近づいているのは，
アヤ。イ本文3行目参照。エミは「このスカーフを買
うつもり」と言っている。ウ本文6〜7行目参照。デ
イブは「アヤと話していたときに，彼女は黄色のもの
をたくさん持っていると言った。」とある。

5 that は省略してもよい。
(1)「〜を知っている」は〈know (that)＋主語＋動
詞〜〉で表す。that のうしろは疑問文でも，〈主語＋
動詞〜〉を続けるので，注意する。
(2)「〜して残念だ」は〈be sorry (that)＋主語＋動
詞〜〉で表す。

全訳

4　エミ：アヤの誕生日が近づいているね。
　デイブ：アヤに何かあげるの？
　エミ：うん。このスカーフを買うつもりなの。アヤは
　　気に入ってくれると思う？
　デイブ：そう思うよ。ぼくは彼女の好きな色が黄色だっ
　　ていうことを知ってるんだ。
　エミ：黄色のスカーフを選ぶべきだっていうことね。
　デイブ：その通り。ある日，アヤと話していたときに，
　　彼女がぼくに黄色のものをたくさん持っていると
　　言ってたんだよ。
　エミ：わかったわ。この黄色のスカーフを買うことに
　　するわ。気に入ってくれるといいなあ。
　デイブ：きっと気に入ってくれるよ。

15 感嘆文・付加疑問

STEP 2　基本問題　　本冊 P.73

1 (1) How, cute[pretty]　(2) didn't, he
　　(3) What, an　(4) is, it

2 (1) She looks very happy, doesn't she?
　　(2) This movie wasn't good, was it?
　　(3) Let's eat lunch here, shall we?

3 (1) How big!
　　(2) What a kind boy!
　　(3) You didn't call me yesterday, did you?

解説

1 (1) 感嘆文「なんて〜だろうか」は〈How＋形容詞!〉
で表す。
(2)「行きましたよね」は付加疑問で表す。主語が
He で動詞が went なので，didn't he となる。
(3) 感嘆文「なんて〜な…だろうか」は〈What a[an]
＋形容詞＋名詞!〉で表す。形容詞が interesting な
ので，an とする。
(4)「ないですよね」は付加疑問で表す。否定の付加
疑問なので，is it とする。

2 (1) 主語が she で動詞が looks なので，doesn't
she? とする。
(2) 主語が This movie(もの)なので，it。wasn't が
使われているので，was it? とする。
(3) Let's 〜 . の付加疑問は shall we をつける。

3 (1) 感嘆文で表す。形容詞だけなので，How big! と
する。感嘆符を忘れないように注意する。
(2) 感嘆文〈What a[an]＋形容詞＋名詞!〉で表す。
(3) did を使わなければならないことから，付加疑問
で表すことがわかる。You didn't call me
yesterday を作り，肯定形の付加疑問 did you? を最
後に置く。

1 (1) ア　　(2) イ　　(3) イ
　　(4) ア　　(5) イ

2 (1) is, he　(2) How, hot　(3) What, a
　　(4) doesn't, he

3 (1) Let's go fishing tomorrow, shall we(?)
　　(2) What a difficult question(!)
　　(3) You weren't at home then, were you(?)

4 (1) メグが妹[姉]のケイトのために誕生日カードを書いているから。
　　(2) 彼女はテニスをするのが好きですよね。
　　(3) What a good idea(!)
　　(4) (a) No, he isn't[is not].
　　　　(b) She will be ten.
　　　　(c) She will give her a (new) racket. / She will give a (new) racket to her.

5 (1) What a nice picture!
　　(2) This is not[isn't] your dictionary, is it?
　　　[This dictionary isn't yours, is it?]

解説

1 (1) 肯定文の付加疑問は否定の短縮形をつける。また、動詞は be 動詞なので、**ア** aren't you が適切。
(2) 感嘆符があることから、感嘆文にする。形容詞1語なので、**イ** How が適切。
(3) didn't do と否定文の付加疑問なので、**イ** did she を選ぶ。
(5) Let's ～. の付加疑問は**イ** shall we をつける。

2 (1)「していませんよね」は付加疑問で表す。主語がジャックなので、he。be 動詞 isn't が使われているので、is he とする。
(2) 感嘆文「なんて～だろうか」は〈How ＋形容詞!〉で表す。
(3)「なんて速い走者なのだろうか」と考えて、〈What a[an] ＋形容詞＋名詞!〉で表す。
(4)「持っていますよね」は付加疑問で表す。主語が your father なので、he。has は一般動詞なので、否定の形 doesn't を使って、doesn't he とする。

3 (1) Let's ～. の付加疑問は shall we? をつける。
(2)〈What a[an] ＋形容詞＋名詞!〉で表す。
(3)「いませんでしたよね」は付加疑問で表し、文の最後に were you? を置く。

4 (1) 直前の文を参照。
(2) doesn't she? とあるので、付加疑問。「好きですよね」と訳す。
(3) 感嘆符があることから、感嘆文にする。〈What a[an] ＋形容詞＋名詞!〉で表す。
(4) (a)「リョウタは誕生日カードを書いていますか。」本文2行目参照。カードを書いているのはメグ。(b)「ケイトは何歳になりますか。」本文4行目参照。(c)「メグはケイトに何をあげるつもりですか。」本文8行目参照。「新しいラケットを買う」とある。

5 (1)「なんて～な…だろうか」は〈What a[an] ＋形容詞＋名詞!〉で表す。
(2) 相手のものではないことを確認するので、付加疑問で表すことがわかる。まず、This is not your dictionary を作り、肯定形の付加疑問 is it? を続ける。コンマを忘れないように注意する。

全訳

> **4** リョウタ：メグ、何をしているの？
> メグ：こんにちは、リョウタ。妹[姉]のケイトの誕生日カードを書いているの。
> リョウタ：わあ、なんてすてきなんだ！　彼女の誕生日はいつなの？
> メグ：次の水曜日よ。彼女は10歳になるの。
> リョウタ：彼女はテニスをするのが好きだよね？
> メグ：ええ、好きよ。彼女は週末に練習しているわ。
> リョウタ：じゃあ、彼女にラケットをあげたらどう？
> メグ：なんていい考えなの！　彼女の誕生日に新しいラケットを買うわ。

13～15のまとめ
定期テスト予想問題 本冊 P.76

① (1) ウ　　(2) イ
　　(3) ア　　(4) ア

② (1) sure, that　(2) after　(3) until, comes
　　(4) does, he

③ (1) What a cool cap(!)
　　(2) Let's go to see a movie, shall we(?)

④ (1) イ
　　(2) ② but　⑤ if
　　(3) Shall I bring you my notebooks of (today's classes?)
　　(4) あなたの家までの道を私に教えてくれますか。

⑤ (1) If it is[it's] sunny tomorrow, we will[we'll] play tennis. / We will play tennis if it is sunny tomorrow.
　　(2) He knows (that) I like dogs.
　　(3) You didn't[did not] listen to music yesterday, did you?

解説

① (1) 否定文には、肯定形の付加疑問を続ける。「ユイはあきらめませんでしたよね。」
(2) think があることから、〈think (that) ＋主語＋動詞～〉の形が考えられる。「あなたは私の考えがよいと思いますか。」
(3)「私の父は眠っていた」と「私が家に帰った」をつなぐ接続詞なので、**ア** when「～のとき」がよい。「私が家に帰ったとき、私の父は眠っていた。」
(4) 条件を表す〈if ＋主語＋動詞～〉では、未来のことを表すときでも動詞は現在形を使うので、**ア** come

を選ぶ。「もしあなたが私の町に来るなら，私が案内します。」

❷ (1)「～と確信している」は〈be sure (that) +主語+動詞～〉で表す。
(2)「～ (した)あと」は after。
(3)「～ (する)まで」は until。時を表す接続詞では未来のことも現在形で表すので，comes とする。
(4)「好きではないですよね」は付加疑問で表す。主語が Jack なので，he。doesn't like なので，does he? とする。

❸ (1) 感嘆符があることから，感嘆文だと判断する。〈What a[an] +形容詞+名詞!〉の形にする。
(2) Let's ～. の付加疑問は shall we? をつける。

❹ (1) 補う that を接続詞と考えて，I hear と you are sick の〈主語+動詞〉の区切りのところに置く。〈that +主語+動詞～〉が hear の目的語になっている。
(2) 選択肢はすべて接続詞。意味を考える。
②空所の前は，I don't have to be in bed「ベッドにいる[寝ている]必要はない」，あとは I must stay home for a week「1週間家にいなければならない」と，対立する内容を述べているので，but「しかし」がふさわしい。
⑤空所の前は You will find it easily「それ(＝私の家)を簡単に見つけるだろう」，あとは you know the post office「あなたは郵便局を知っている」で，あとの部分は条件を表している。if「もし～なら」がふさわしい。
(3) I と shall があり，疑問文なので，Shall I ～?「～しましょうか」とする。bring はうしろに〈人+もの〉を続けることができるので，bring you my notebooks として，Shall I に続ける。「今日の授業の私のノートをあなたに持っていきましょうか。」
(4) Will you ～?「～してくれますか」，the way to ～「～までの道」

❺ (1)「もし～なら」は if を使って表す。「明日」とあるが，条件を表す if では未来のことも現在形で表すので，be動詞は is にする。
(2)「～を知っている」は〈know (that) +主語+動詞～〉で表す。that は省略してもよい。
(3)「～でしたよね」を付加疑問で表す。まず，You didn't listen to music yesterday を作り，肯定形の付加疑問 did you? をつける。

❹ ジェーン：もしもし。
ユミ：もしもし。こちらはユミです。ジェーンをお願いします。
ジェーン：こんにちは，ユミ。ジェーンよ。
ユミ：こんにちは，ジェーン。具合が悪いそうね。だいじょうぶ？
ジェーン：ええ，ありがとう。ベッドに寝ていなくてもいいんだけど，1週間家にいないといけないの。
ユミ：まあ，そうなの？　今何をしているの？
ジェーン：本を読んでるわ。母が私に買ってくれたの。
ユミ：それはいいわね。今日の授業の私のノートをあなたに持っていきましょうか。
ジェーン：ええ，お願い。家で勉強したいわ。
ユミ：わかった。明日ノートを持って訪ねるわね。
ジェーン：ありがとう，ユミ。
ユミ：あなたの家までの道を教えてくれる？
ジェーン：私の家は郵便局の前よ。もし郵便局を知っていれば，簡単に見つかるわ。

16 比較①

STEP 2 基本問題　　　　　　　　　本冊 P.79

1 (1) smaller, than　(2) taller, than
(3) longest, of　(4) largest, in

2 (1) cooler　(2) faster　(3) busiest
(4) most popular

3 (1) shorter, than, yours
(2) the, most, important

解説

1 (1) (2) 2つのものを比べるので比較級にする。small, tall とも，er をつけて作る。
(3) (4) 3つ以上のものを比べて「いちばん～」を表すので，最上級にする。long は est，large は st をつけると最上級になる。

ミス注意！
in と of の使い分けに注意！
× the longest in all, the largest of Japan
○ the longest of all, the largest in Japan

2 (1) cool「かっこいい」の比較級は cooler。
(2) fast「速く」の比較級は faster。
(3) busy「忙しい」の最上級は busiest。語尾が〈子音字 +y〉なので，y を i にかえて est をつける。
(4) popular「人気のある」の最上級は most popular。popular の形はかわらないことに注意。

3 (1)「～よりも短い」は shorter than ～ で表す。「あなたのよりも」は「あなたの髪よりも」→「あなたのものよりも」と考えて，than yours とする。
(2)「重要な」を表す important は，前に most をつけて最上級を作る。

1 (1) イ　(2) ウ
(3) イ　(4) ア

2 (1) deeper, than　(2) busier, before
(3) coldest, in　(4) the, most

3 (1) (This) book is easier than that one(.)
(2) (This is) the oldest church in Japan(.)

4 (1) earliest　(2) the, fastest
(3) Aya is older than John. / John is younger than Aya.

5 (1) This coat is longer than mine.
(2) This movie is the most exciting of the three.
(3) This is the most popular restaurant in this town[city].

6 (1) New Zealand is smaller than Japan.
(2) That watch is the most expensive in this shop[store].

解説

1 (1) あとに than があるので, 比較級の larger を選ぶ。「北海道は九州よりも広い。」
(2) 前に the があり, あとに in my family があるので, 最上級の文と考える。careful は前に most を置いて最上級にする。「ジムは家族の中でいちばん注意深い。」
(3) あとに than があるので, 比較級の later を選ぶ。「母は父よりも遅く帰宅する。」
(4) the greatest から最上級の文。「すべての中でいちばん〜」のように, 複数の比較対象を示すときは of を使う。「あなたのスピーチはすべての中でいちばんすばらしかった。」

2 (1)「…よりも〜」=〈比較級 + than ...〉「深い」= deep の比較級は, er をつけて deeper とする。
(2)「以前よりも」= than before

ミス注意!
busy の比較級は busier !
× busyer　○ busier
(3)「〜でいちばん…」=〈最上級 + in[of] 〜〉「寒い」= cold の最上級は coldest.「日本でいちばん〜」のように, 場所や範囲を示すときは, in を使う。
(4)「いちばん役に立った」は最上級。「役に立つ」= useful　most の前に the を置くことを忘れない。

3 (1)〈主語 + be動詞 + 比較級 + than 〜 .〉の語順。「あの本」は that one で表す。
(2)〈主語 + be動詞 + the + 最上級 + 名詞 + in 〜 .〉の語順。

4 (1)「家族の中でいちばん早く」を表すには, 最上級を使う。early は y を i にかえて est をつけ, earliest とする。
(2)「ほかのどのイヌよりも速く走ることができる」という意味の比較級の文を, 「すべてのイヌの中でいちばん速く走ることができる」という最上級の文で表せばよい。fast の最上級は fastest.

(3) 問題文に「13歳のアヤ(Aya)」とあり, 本文2文目に John は5歳とある。Aya は John より年上であることか, John は Aya より年下である(若い)ことを書けばよい。

5 (1) long を比較級 longer にかえて, 比較の対象となる「私のよりも」= than mine を置く。「このコートは私のよりも長い。」
(2) exciting を最上級 most exciting にかえて,「3つの中で」= of the three を続ける。most exciting の前には the を置く。「この映画は3つの中でいちばんおもしろい。」
(3) popular を最上級 most popular にかえて,「この町で」= in this town[city]を続ける。「これはこの町でいちばん人気のあるレストランだ。」

ミス注意!
形容詞の最上級の前には the をつける!
× This is most popular restaurant in this town.
× This is a most popular restaurant in this town.
○ This is the most popular restaurant in this town.

6 (1)「日本よりせまい」から,〈比較級 + than 〜〉の形で表す。「せまい」は「小さい」と考えて, small を使う。
(2) expensive「高価な」の最上級は most expensive.「この店で」= in this shop[store]は文末に置く。

全訳

4　私はイヌのジョンについて話します。彼は5歳で, 私たちは親友です。
　私は彼を散歩させるために家族の中でいちばん早く起きます。私たちは毎朝, 川沿いの公園へ行きます。ジョンはそこで走り回るのが好きです。彼はほかのどのイヌよりも速く走れます。
　彼はかわいくて賢いので, 私は彼が大好きです。

17 比較②

1 (1) best　(2) more　(3) important
(4) hotter

2 (1) worse, than　(2) well, as
(3) better, than　(4) the, tallest

3 (1) (My bike) is not as new as yours(.)
(2) (Which) subject do you like the best(?)

解説

1 (1) 前に the があり, あとに of the three があるので, 「3つの中でいちばん〜」を表す最上級だと考え, best にする。「この映画は3つの中でいちばんよい。」
(2) あとに than があるので, 比較級 more にする。「父は兄よりもたくさんの CD を持っている。」

(3)〈as＋原級＋as～〉から，そのままの形でよい。
「日本語は英語と同じくらい大切だ。」
(4)〈Which is＋比較級，A or B？〉から，比較級 hotter にする。「今日と昨日ではどちらのほうが暑いですか。」

ミス注意！
hot の比較級は hotter！
× hoter ○ hotter
語尾が〈短母音＋子音字〉で終わる語の比較級は，子音字を重ねて er をつける。

2 (1)「悪い」＝ bad は不規則に変化し，比較級は worse となる。
(2)「～と同じくらい…」＝〈as＋原級＋as～〉「じょうずに」＝ well

ミス注意！
同程度は原級で表す！
× Yuka plays the piano as better as you.
× Yuka plays the piano as best as you.
○ Yuka plays the piano as well as you.

(3)「…よりも～のほうが好きだ」は，like ～ better than … で表す。
(4)「～の中でだれがいちばん…ですか」＝〈Who's the ＋最上級＋ in ～?〉

3 (1)「～ほど…でない」＝〈not as＋原級＋as～〉は，並べかえの問題でよく出題される。
(2)Which subject「どの教科」に疑問文の語順で do you like the best を続ける。the は best のすぐ前に置く。

STEP 3　得点アップ問題　　本冊 P.84

1 (1)isn't, old　(2)the, worst
　(3)better, than　(4)the, best
2 (1)long, as　(2)More, people
3 (1)(This flower) is not as beautiful as (that one.)
　(2)Which do you like better (, dogs or cats?)
4 (1)日本ではサッカーと野球では，どちらのほうが人気がありますか。
　(2)ウ　(3)like, the, best
　(4)(a)×　(b)×
5 (1)Today is as warm as yesterday.
　(2)I like fish better than meat.
　(3)Who runs (the) fastest in our school?

解 説
1 (1)「～ほど…でない」は〈not as＋原級＋as～〉で表すので，「古い」＝ old は原級のまま使う。空所の数から，is not の短縮形 isn't を使う。
(2)「悪い」＝ bad は不規則に変化し，最上級は worst となる。

ミス注意！
形容詞の最上級の前には the をつける！
× This is a worst news this year.
○ This is the worst news this year.

(3)「…よりも～のほうが好きだ」＝ like ～ better than …
(4)「～がいちばん好きだ」＝ like ～ the best

2 (1)〈as＋原級＋as～〉の形で表す。「この映画はあの映画と同じくらい長い。」
(2)「多い」＝ many は不規則に変化し，比較級は more となる。「より多くの人がインターネットでも のを買うだろう。」

3 (1)「～ほど…(で)ない」は，〈not as＋原級＋as～〉の語順で表す。beautiful は原級のまま使うので，more が不要。
(2)「～と…ではどちらのほうが好きですか」は Which do you like better, ～ or ...? の語順。than が不要。

4 (1)〈Which is ＋比較級，～ or ...?〉＝「～と…ではどちらのほうが ☐ ですか」
(2)空所の前の文で，カイトは「(野球より)サッカーのほうが人気がある。」と言っている。ここに But で続けて意味が通るのは，ウ「サッカーは野球ほど人気がなかった」である。イをあてはめると「野球はサッカーほど人気がなかった」となり，うまくつながらない。
(3)favorite は「大好きな，お気に入りの」という意味。like ～ the best を使って，「サラ，あなたはバスケットボールがいちばん好きですよね。」という文に書きかえる。
(4)(a)「野球はカイトやその友人の間で今，いちばん人気があるスポーツだ。」 本文2行目参照。人気があるのはサッカーなので，内容に合わない。
(b)「カイトは野球よりもサッカーのほうが好きだ。」本文5～7行目参照。5行目でサラに，野球とサッカーのどちらが好きかと問われ，6行目でカイトは難しい質問だと答えている。また，野球部員だが，友達とサッカーをするのも好きだと言っているので，内容に合わない。

5 (1)「～と同じくらい暖かい」は as warm as ～で表す。
(2)「私は魚が好きだ」のあとに「肉よりも」を続ける。「…よりも～のほうが好きだ」は like ～ better than … で表す。
(3)runs を使う指定があるので，「いちばん速く走るのはだれですか」を「だれがいちばん速く走りますか」と考える。who を主語にして，runs (the) fastest を続け，「私たちの学校で」＝ in our school を続ける。

ミス注意！
who は3人称単数扱い！
× **Who** run the fastest in our school?
○ **Who** runs the fastest in our school?
動詞は3人称単数現在形を使う。

4 サラ：日本ではサッカーと野球ではどちらが人気があるの？

　カイト：ぼくたちの間ではサッカーのほうが人気があるよ。でも，お父さんは前に「私が子どものころは，サッカーは野球ほど人気がなかった。野球がすべてのスポーツの中でいちばん人気があったんだよ。」と言ってたんだ。

　サラ：それはおもしろいわ。あなたはどちらが好きなの，カイト？

　カイト：難しい質問だね。ぼくは野球部員だけど，友達とサッカーをするのも好きだよ。サラ，きみのいちばん好きなスポーツはバスケットボールだよね。

　サラ：ええ。それからテニスも大好きよ。

16〜17のまとめ
定期テスト予想問題
本冊 P.86

❶ (1) イ　　(2) ウ　　(3) エ

❷ (1) bigger[larger]，than　(2) the，best
　(3) isn't，difficult[hard]　(4) the，earliest

❸ (1) This is <u>the</u> fastest train of the three.
　(2) This hotel isn't as <u>expensive</u> as that one.
　(3) Who is the most popular singer <u>of</u> the three?

❹ (1) イ　　(2) イ

❺ 例：① the mountains　② I like climbing /
　① the mountains　② I can see a lot of birds /
　① the sea　② I can enjoy swimming /
　① the sea　② I like fishing　など

解説

❶ (1) than があるので，比較級の**イ** larger を選ぶ。「この部屋は私の（部屋）よりも広い。」
　(2) the world は「世界で」という範囲を表すと考え，**ウ** in を選ぶ。「これは世界でいちばん透明な湖だ。」
　(3) 文末の of all から，「すべての中で〜」という最上級の意味を表す文だと考え，good の最上級，**エ** the best を選ぶ。I think (that) 〜．「私は〜と思う」「私はこのラケットがすべての中でいちばんよいと思う。」

❷ (1) 主語が that dog にかわるので，small の反対語の big[large] を使う。big の比較級は g を 2 つ重ねて bigger とする。「このイヌはあのイヌよりも小さい。」→「あのイヌはこのイヌよりも大きい。」
　(2) 上の「いちばんじょうずなテニス選手」は形容詞 good の最上級 best を使った表現。下の「いちばんじょうずにテニスをする」は副詞 well を使った最上級の表現。well の最上級も best。「アキは彼女のクラスの中でいちばんじょうずなテニス選手だ。」→「アキは彼女のクラスの中でいちばんじょうずにテニスをする。」
　(3)「問題 A は問題 B よりも簡単である。」を，as 〜 as ... を使って表す。問題 A のほうが簡単であることは，肯定文では表せないので，〈not as ＋原級＋ as 〜〉

を使って，「問題 A は問題 B ほど難しくない。」という文にする。「難しい」= difficult[hard]
　(4)〈比較級＋ than any other 〜〉は「ほかのどの〜よりも…」という意味。「フジタ先生はほかのどの先生よりも早く学校へ来る。」→「フジタ先生はすべての先生の中でいちばん早く学校へ来る。」から，最上級を使って表すことができる。

❸ (1) 最上級の前には the を置くので，a を the に直す。「これは 3 台の中でいちばん速い列車だ。」
　(2)〈not as ＋原級＋ as 〜〉の形なので，more をとって原級（expensive）にする。「このホテルはあのホテルほど高くない。」
　(3)「3 人の中で」と複数の人の中で比較するので，in を of に直す。in は in Japan「日本で」，in my class「私のクラスで」のように，場所や範囲を表す場合に使う。「3 人の中でだれがいちばん人気のある歌手ですか。」

❹ (1)「このグラフから私たちは何と言うことができますか。」　**ア**「レイコは先週，毎日コンピュータを使った。」→水曜日は 0 時間なので，合わない。**イ**「レイコは先週，月曜日よりも金曜日のほうが長くコンピュータを使った。」→月曜日が 1 時間，金曜日が 2 時間なので，合う。**ウ**「レイコは先週，火曜日に日曜日と同じくらい長くコンピュータを使った。」→火曜日は 1 時間，日曜日は 2 時間なので，合わない。**エ**「レイコは先週の水曜日にいちばん長くコンピュータを使った。」→水曜日は 0 時間なので，合わない。
　(2)「ヒマワリ A はだれのヒマワリですか。」　本文 7 〜 8 行目（第 4 文）より，トモコのヒマワリが 5 つの中でいちばん背が高いので，C がトモコのヒマワリ。本文 5 〜 7 行目（第 3 文）より，リカとミノルの間にあるのがトモコのヒマワリなので，リカとミノルのヒマワリは B，D のどちらか。本文 8 〜 10 行目（第 5 文）より，ミノルのヒマワリはリカのより背が高いので，D がミノル，B がリカのヒマワリだとわかる。また，ミノルのヒマワリはアキオのより背が高くないので，残りの A，E のうち，D より高い E がアキオのヒマワリ。したがって，残りの A がケイコのヒマワリとなる。

❺ ①には the mountains または the sea の 2 語を書き，その理由を②に示す。②には I like 〜ing，I can enjoy 〜ing．などを使って海や山で行うことを書くとよい。ただし 3 語以上の条件を必ず守ること。「あなたは山と海ではどちらのほうが好きですか。」―「私は（①）のほうが好きです。なぜなら（②）だからです。」

---

4 (2)　絵の中に 5 本のヒマワリがある。それらはトモコ，ミノル，ケイコ，リカ，アキオのヒマワリで，それぞれの人は 1 本ずつヒマワリを持っている。リカとミノルのヒマワリの間にはヒマワリが 1 本だけあり，それはトモコのヒマワリである。トモコのヒマワリは 5 本の中でいちばん（背が）高い。ミノルのヒマワリはリカのより高いが，アキオのより高くない。

18 いろいろな場面での表現

1. (1) How, much (2) smaller, one
   (3) How, to (4) on, right
2. (1) May I have your name (, please?)
   (2) (Could) you tell me the way to (the gym?)
3. ① This ② speak ③ message ④ call

解説

1. (1) ものの値段をたずねるには How much ～? を使う。
   (4) 「(人の)右手に，右側に」= on one's right
2. (1) 「～してもよろしいですか」= May I ～, please?
   (2) 「～してくださいませんか」= Could you ～?
3. ①電話で自分の名前を名乗るときは，⟨This is ＋自分の名前 .⟩ を使う。

全訳

3. **A**：もしもし。スミスさんですか。こちらはケンです。メアリーをお願いします。
   B：すみませんが，彼女は今外出中です。伝言をうかがいましょうか。
   A：いいえ，けっこうです。あとでかけ直します。

1. (1) leave, message (2) call, back
   (3) in, front (4) Change, trains
   (5) get, off
2. ①ウ ②ク ③カ
   ④ア ⑤オ
3. (1) (Could) you tell me the way to the museum(?)
   (2) エ (3) (a)× (b)○ (c)×
   (4) 例：Go straight (this way) and turn left at the third corner. Then you'll[you will] see it on your right. など
4. (1) 例：May[Can] I speak[talk] to Ron (, please)?
   (2) 例：Which bus goes to the zoo? / Which bus should I take to the zoo?

解説

1. (4) 「電車を乗りかえる」= change trains
   (5) 「降りる」= get off
3. (1) ⟨tell ＋人＋もの⟩ の語順。
   (2) 本文2～6行目参照。道をまっすぐに進み，2つ目の角で右に曲がると左手に見える。
   (3) (a)「女性はアヤに図書館への行き方をたずねた。」本文1行目参照。女性は美術館への行き方をたずねた。

(b)「女性は2つ目の角から，右手に図書館を見るだろう。」本文2～6行目参照。左手にある美術館の正面オにある図書館は，2つ目の角からは右手に見えることになる。
(c)「美術館は近くないので，女性はバスに乗るだろう。」本文で述べられていない。
(4) 本文にならって，地図中の●から City Hall「市役所」への行き方を説明する。●から見ると，City Hall はそのまままっすぐ進み，3つ目の角を左に曲がった右手にある。

4. (1)「ロンをお願いします。」→「ロンと話すことができますか。」と考える。
(2)「どのバスが動物園に行きますか。」という文にする。主語 Which bus は3人称単数扱いなので，「行く」= go は goes とする。「動物園まで私はどのバスに乗るべきですか。」と考えてもよい。

全訳

2. **店員**：いらっしゃいませ。
   メアリー：はい，お願いします。①私はぼうしをさがしています。
   店員：こちらはいかがですか。
   メアリー：私はその色は好きです。でも，これは高すぎます。②もっと安いものがほしいです。
   店員：もちろん。こちらはどうでしょう。
   メアリー：あら，これは私には大きすぎるようです。③もっと小さいものはありますか。
   店員：はい。さあ，どうぞ。
   メアリー：これはとてもすてきですね。④おいくらですか。
   店員：30ドルです。
   メアリー：わかりました。⑤それをいただきます。

3. **女性**：すみません。私に美術館への行き方を教えてくださいませんか。
   アヤ：もちろん。2つ目の角に白い建物が見えますよね。
   女性：あの高い建物ですか。
   アヤ：はい。そこで右に曲がってください，そうすればあなたはその美術館を左手に見るでしょう。美術館の向かいには図書館があります。
   女性：なるほど。ここからどれくらいですか。
   アヤ：ええと，歩いて15分ほどだと思います。
   女性：わかりました。ありがとう。
   アヤ：どういたしまして。

❶ (1) May[Can]，help　(2) Get，off
　(3) looking，for　(4) just，looking

❷ (1) How much is this T-shirt?
　(2) How long does it take to the airport by bus?

❸ (1) You have the wrong number(.)
　(2) May I try this on(?)
　(3) Turn left at the post office(.)

❹ ①エ　②ウ
　③オ　④ア

❺ (1) <u>May</u> I <u>speak</u> to Mana(, please)?
　(2) Shall I <u>take</u> a message?
　(3) <u>Could</u> you <u>tell</u> me the <u>way</u> to the hospital?

（3）Could you ～? でたずねる。「～への行き方」= the way to ～

全訳

❹ 審査官：こんにちは。パスポートをお願いします。
マナブ：わかりました。①はい，どうぞ。
審査官：ありがとう。滞在の目的は何ですか。
マナブ：ニューヨークのホストファミリーのところに滞在する予定です。
審査官：②どれくらい滞在する予定ですか。
マナブ：1か月です。
審査官：わかりました。どこか訪れる予定ですか。
マナブ：はい。ナイアガラの滝を訪れます。
審査官：③いいですね！　とても人気のある場所ですよ。
マナブ：知っています。それから自由の女神像も訪れるつもりです。
審査官：わかりました。④滞在を楽しんでください。
マナブ：そうします。ありがとうございます。

解説

❶ (1)「いらっしゃいませ。」は May[Can] I help you? で表す。
(2)「(電車などを)～で降りる」は get off at ～で表す。
(3)「～を探す」は look for ～で表す。
(4) お店などで「見ているだけです。」と言うときは，I'm just looking. と言う。

❷ (1) How much を使って値段をたずねる文にする。「この T シャツはいくらですか。」
(2) 所要時間をたずねるので，How long ～? を使う。「バスで空港までどのくらいかかりますか。」

❸ (1) 電話などで相手に対して「番号が間違っています。」と言うときは，You have the wrong number. と言う。
(2)「～を試着する」は try on ～，try ～ on を使う。目的語に it，this などの代名詞がくる場合，〈try + 代名詞 + on〉の語順になるので，注意する。
(3)「～を右[左]に曲がる」は turn right[left] at ～で表す。

❹ 前後のつながり(文脈)に注意する。
①パスポートを見せるように言われて，OK. と答えている。また，直後に，入国審査官が Thank you. と言っているので，「はい，どうぞ。」とパスポートを差し出したと考える。
②マナブが For one month. と期間を答えていることから，「どれくらい滞在する予定ですか。」とたずねられたと考えられる。
③マナブの「ナイアガラの滝を訪れる」という発言を受けた返事で，そのあとに続けて「とても人気のある場所ですよ。」と言っているので，オ How nice!「いいですね！」がよい。
④マナブが I will. と答えているので，Enjoy your stay.「滞在を楽しんでください。」と言われたと考える。

❺ (1) 電話などで「～をお願いします。」と言うときは，May I speak to ～(, please)? と言う
(2)「～しましょうか」は Shall I ～?，「伝言を受け取る」は take a message で表す。

19 受け身① ― 現在形・過去形 ―

STEP 2 基本問題　　　　　　　　　本冊 P.95

1 (1) cooked　(2) studied　(3) taken
　(4) built

2 (1) is, needed　(2) are, sold
　(3) is, known　(4) were, caught

3 (1) Spanish is spoken in this country(.)
　(2) This picture was taken in Canada(.)

解説

1 いずれも be 動詞の直後にあるが，進行形(ing 形)では意味が通らず，「～される」，「～された」ならば意味が通るので，受け身の文を作る。動詞の原形を過去分詞に直す。
(1)「日曜日に夕食は父によって料理される。」
(2)「日本語は多くの国で勉強されている。」
(3) take は不規則動詞で，過去形は took，過去分詞は taken。「この写真は数年前に撮影された。」
(4) build は不規則動詞で，過去形，過去分詞は built。「多くのホテルが海岸沿いに建てられた。」

2 (1)「必要とされている」は，受け身の文なので，〈be 動詞＋過去分詞〉で表す。「必要とする」は need で，過去分詞は needed。
(2)「たくさんのおもちゃ」が主語なので，〈be 動詞(are)＋過去分詞(sold)〉とする。
(3)「知っている」＝ know は不規則動詞で，過去形は knew，過去分詞は known。
(4)「捕まえられた」は，過去の受け身。be 動詞は複数形の主語 these fish に合わせて，were とする。catch「捕まえる」は不規則動詞で過去分詞は caught。

3 (1)「スペイン語」を主語にして，〈主語＋be 動詞＋過去分詞 ～.〉の語順にする。
(2)「この写真」を主語にする。

STEP 3 得点アップ問題　　　　　　本冊 P.96

1 (1) 私はそのとき，先生にたくさんの質問をしていた。
　(2) 私は先生にたくさんの質問をされた。

2 (1) Our car was washed yesterday.
　(2) French was taught at this school.
　(3) Many computers were made here.

3 (1) This book is read all (over the world.)
　(2) This speech was written two days ago(.)
　(3) English is spoken in this country(.)

4 (1) ① made　② called
　(2) A small coin is usually put into the pudding
　　　(by them).
　(3) (a) It's black and hard. / It looks different
　　　　　from Japanese pudding.
　　　(b) No, I[we] won't[will not].

5 (1) The gate is opened at eight (o'clock).

(2) This hotel was built 100[one[a] hundred]
　years ago.

(3) Many[A lot of] flowers are seen in that
　park.

解説

1 (1)〈was＋動詞の ing 形〉は「～していた」を表す過去進行形。
(2)〈was＋過去分詞〉は「～された」を表す過去の受け身。by ～「～によって」で動作主を表す。

2 (1) 受け身の文の時制は be 動詞で表される。ここは is を過去形の was にする。「私たちの車は昨日洗われた。」
(2) be 動詞を was にする。「この学校ではフランス語が教えられていた。」
(3) 主語が Many computers と複数になるので，be 動詞を were にする。「ここではたくさんのコンピュータが作られた。」

3 (1)「読まれている」から，受け身の肯定文。〈主語＋be 動詞＋過去分詞〉の語順にする。過去分詞 read は発音に注意。read[ri:d]―read[red]―read[red]「世界中で」＝ all over the world
(2)「このスピーチ」を主語にして，〈be 動詞＋過去分詞〉を続ける。
(3)「英語」＝ English を主語にする。

4 (1) いずれも前に be 動詞があり，「～される」と受け身にすると意味が通るので，過去分詞にかえる。
(2) a small coin を主語にして，〈主語＋be 動詞＋過去分詞～.〉の形にする。put は不規則動詞で，原形・過去形・過去分詞はいずれも同じつづり。

ミス注意!

動作主の by ～の省略
△ A small coin **is usually put** into the
　pudding by them.
○ A small coin **is usually put** into the
　pudding.
もとの文の主語 they は，イギリスの一般の人々を表すので，受け身の文の動作主として，わざわざ by them を表さなくてもよい。

(3) (a)「イギリスのクリスマスプディングはどのようですか。」→本文3行目(第1段落第4文)参照。
(b)「もしあなたがクリスマスプディングを作ったら，あなたは来年幸せになるでしょうか。」→本文6，7行目(第2段落第4文)参照。幸運な人となるのは，自分に切り分けられたクリスマスプディングの中にコインを見つけた人。

5 (1) 受け身の文なので〈be 動詞＋過去分詞〉の形で表す。
(2) 受け身の過去で，主語が3人称単数なので，be 動詞は was を使う。build は不規則動詞で，build ― built ― built と変化する。
(3)「見られる」なので現在形の受け身にする。see は不規則動詞で，see ― saw ― seen と変化する。

4 クリスマスのために世界中でたくさんの種類のケーキが作られている。イギリスのクリスマスケーキは一種のフルーツケーキである。それはクリスマスプディングと呼ばれている。それは黒くて固いので，日本のプディングとはちがって見える。

たいていの家庭は独自のクリスマスプディングを作る。彼らはそのプディングを作るのに3日以上必要とし，それは1年ほど保存することができる。彼らはたいていプディングの中に小さいコインを1枚入れる。もしあなたがプディングの1切れの中にそのコインを見つけたら，あなたは来年，幸運な人になるだろう。プディングの中に指輪を入れる家庭もある。プディングの中の指輪は早婚のしるしである。

20 受け身② ― 否定文・疑問文・助動詞のある受け身 ―

STEP 2 基本問題 本冊 P.99

1 (1) The computer was not[wasn't] bought by her.
(2) Were many pens used by Tom?
(3) Sally will be invited to the party.
(4) The photo will be seen by Jane.

2 (1) The houses were not made (of wood.)
(2) How were those photos (found?)
(3) (The baby) will be born in (October.)

解説

1 (1) 受け身の文を否定文にするには，be動詞のあとに not を置く。
(2) 受け身の文の疑問文を作るときは，be動詞を主語の前に置く。
(3) is を未来を表す will be に直せばよい。
(4) the photo を主語にするので，「その写真はジェーンによって見られるだろう。」という文にする。〈will + be + 過去分詞〉の形にし，see を過去分詞の seen にかえる。

2 (1)「～でできている」be made of ～で表す。問題文は「木でできているのではなかった」なので，be動詞のあとに否定の not を置く。
(2) 疑問詞で始まる疑問文（疑問詞疑問文）のときは，疑問詞を文の先頭に置き，〈be動詞 + 主語 + 過去分詞〉を続ける。
(3) be born で「生まれる」。

STEP 3 得点アップ問題 本冊 P.100

1 (1) ア (2) ウ (3) ア (4) イ (5) ア
2 (1) When, was (2) not, held
(3) Is[Was], it[that]
(4) were, not (5) be, eaten
3 (1) Is, loved (2) will, be
(3) cannot[can't], be, touched
(4) What, he (5) was, seen
4 Was this photo[picture] taken by Jane?

解説

1 (1) 過去の文なので be 動詞は was。そのあとに not を置く。
(2) 過去について述べている文なので過去形を用いた**ウ**を選ぶ。wasn't は was not の短縮形。**ア**は未来の文であり，**イ**は be 動詞がない。
(3) 未来の受け身の疑問文。will を文頭に置き，〈主語 + be 動詞〉を続ける。
(4)「それら」と日本文にあるので be 動詞は are か were になる。ここでは，Were で始まる**イ**が正しい。be made of ～「～で作られる」を疑問文にした文。
(5) 疑問詞で始まる助動詞の受け身の文。what が主語なので，あとに〈can be + 過去分詞〉が続く。

2 (1) **ミス注意！**
疑問詞で始まる文でも be 動詞の時制には注意が必要。出題されている文では過去のことを聞いているので was を用いる。また，語順は〈疑問詞 + be 動詞 + 主語〉となる。
(2) お祭りなどが「開かれる」，「開催される」は be held で表す。held は hold の過去形・過去分詞。否定文にするときは be 動詞のあとに not を置けばよい。
(3)〈be 動詞 + made + in ～〉で「～で作られる」という産地を表す表現になる。
(4) 主語が複数で，時制が過去なので，be 動詞は were とし，否定の not を続ける。
(5)「食べられる」とあるので，助動詞 can を使った受け身にする。助動詞の受け身は〈主語 + 助動詞 + be + 過去分詞～ .〉となる。

3 (1) 受け身の疑問文にする。be 動詞を先頭に置く。
(2) the door を主語にした受け身の未来の文にする。will のあとなので be 動詞は原形の be。
(3) 助動詞のある受け身の否定文は助動詞のあとに not を置く。
(4) **ミス注意！**
主語となるのは「トム」ではなく「彼」である。目的語の him を主語の he にかえる。「トムは彼に何をあげたか。」という文を「彼はトムから何をもらったか。」という文に書きかえる。

4 受け身の過去形の疑問文を作る問題。文頭の be 動詞は，Was か Were だが，「この写真」とあるので this photo[picture] とすると単数になるので Was を置く。「写真を撮る」は take a photo[picture]。受け身の文にするので，take は過去分詞 taken を使う。最後に by Jane「ジェーンによって」を置く。

❶ (1) was, sold　　(2) was, painted

　(3) not, be, written　　(4) Was, built

　(5) were, told, by

❷ イ

❸ (1) ア　　(2) イ　　(3) ウ

❹ (1) ア

　(2) When was it built(?)

　(3) It was built in[during] the late 14th century.

解　説

❶ (1)「彼はその家を売った。」を「その家は彼によって売られた。」という受け身の文にする。
(2)「エリカはそのポスターを描かなかった。」を「そのポスターはエリカによって描かれなかった。」という受け身の文にする。
(3)「彼は英語でその本を書かないだろう。」を受け身の未来の否定文にする。

❷ take a picture で「写真を撮る」。受け身の過去の文とすればよい。take の過去分詞は taken。

❸ (1) イは was を使っているので過去形。ウを選ぶと，主語が your country になっているので「あなたの国は英語を話しますか。」となり，不自然なので間違い。
(2) be shocked at[by]〜で「〜に衝撃を受けた／ひどく驚いた」。surprised は on をとらないのでアは不正解。ウは「勇気づけられた」。前置詞は with ではなく by を用いる。
(3)「〜は何と呼ばれているか。」は What is 〜 called? で表す。what と how でまぎらわしいが，アは was があるので時制が過去。また，how を使う場合は How do you say 〜? とするのが一般的。イは未来形なので「何と呼ばれることになるだろうか」という意味になる。

❹ (1) be known as 〜で「〜として知られている」。
(2) 受け身の過去の文で，疑問詞を用いた形。選択肢の中には疑問詞 when があるのでそれを文頭に置き，〈be 動詞＋主語＋過去分詞〉の順にする。be 動詞は be と was があるが，「いつ〜されたか」なので過去形の was を選ぶ。したがって不要な語は be。
(3)「〜建てられました」とあるので was built を使う。「世紀」を表す語の前には in を置く。年や月などの前につく late には「〜のおそく，〜後半」という意味がある。

全　訳

❷ A：この古い写真の背の高い人は誰ですか？
　B：彼は私の祖父です。
　A：それは(この写真は)いつ撮られたものですか？
　B：30 年ほど前です。

❹ A：これが鹿苑寺です。それはまた金閣寺としても知られています。
　B：それはいつ建てられたのですか？
　A：それは 14 世紀後半に建てられました。

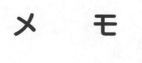